틈새에서
문득

정영자 에세이

틈새에서 문득

- 일흔에 만나는 52개의 창

한그루

책을 펴내며

음악을 들을 때
그림을 마주할 때
책장을 넘길 때
나는 나만의 울타리 안으로 들어섭니다.

그곳에는
빛과 어둠이
울림과 고요가
때론 한 문장이
나를 흔듭니다.

여기에 실린 글은
문득문득
내 마음을 흔들어 놓은
그 결들의 언어입니다.

그렇게 써 내려간 글은
2024년 1월부터 2025년 8월까지
'제주헤럴드'에 실을 수 있었고,
일흔둘의 세월을 돌아보는 이 가을
조심스레 엮어 한 권의 책으로 내놓습니다.

서귀포에서 **정영자**

틈새에서 문득

차례

4 책을 펴내며

제1부
상처받은 존재의 부활

15 일일시호일(日日是好日)

18 뒷모습

21 푸른 자화상

24 자화상, 그 내면의 세계

28 상처받은 존재의 부활

31 눈으로, 마음으로

34 너와 내가 만든 세상

39 관계를 이루는 그 무엇을 고민하며

43 오너라, 나의 봄아!

46 감자 한 알이 채워주는 그 무엇에 대하여

제2부

이 찬란한 삶을 위하여

53 그 은밀한 유혹

57 당신은 이 세계를 어떻게 보십니까?

60 빛은 그늘도 만든다

63 인생은 어디로 가는가

67 이 찬란한 삶을 위하여

70 장미 아홉 송이

74 요람

77 어쩌면 아름다운 날들

80 먼지로 사라질 운명에 대하여

84 11월에 다시 생각해 보는 그림 한 점

제3부

귤림추색(橘林秋色)

91 당신이 있는 거기에도 가을이 익어가나요?
94 풍경 앤 풍경
97 선물이라 쓰고 그리움이라 읽는다
102 그리움은 그림이 되어
105 계절 산책
109 겹겹의 서사
112 귤림추색
115 행복한 대면, 사진을 읽다
119 꼿꼿하게 예도(藝道)를 추구했던 소암의 삶과 예술, 에피소드
124 테왁의 모양 해녀의 마음

제4부
천천히 노래 부르듯이

- 131 깊숙하고 안온하게
- 134 전원교향곡을 듣는 아침
- 138 천천히 노래 부르듯이
- 141 숲에서 봄의 연주를
- 144 5월, 그 봄밤의 노래
- 147 아! 커피
- 151 라면과 모차르트
- 154 그래야만 하나?(Muss es sein), 그래야만 한다!(Es Muss Sein)
- 157 음악은 때로는 고요한 바다
- 160 겨울 나그네
- 163 그 조용한 중간 악장에서
- 166 여름 바다에서 멘델스존을 듣다

제5부

사랑하는 당신에게

173 가장 소중한 것은 눈에 보이지 않아

177 지금 바로 떠나라! 당신의 방으로

181 사랑하였으므로 행복하였네라

184 해바라기는 언제나 환하다

187 꽃마리를 바라보며

191 소쇄원에서

194 사랑하는 당신에게 Last Dance

196 태양은 가득히

199 그녀의 지휘봉은 이카로스의 날개였을까

202 나로 늙어간다는 것의 풍경

제1부

상처받은 존재의 부활

일일시호일 日日是好日

엊그제 맞은 것 같은 새해가 벌써 2월의 문턱을 넘어선다. 시간이 흐른다는 건 달력을 넘기면서 알게 되는 걸까, 아니면 늘 다니는 길에서 만나던 가로수의 미미한 변화를 느끼면서일까. 거울을 보면서 내 얼굴의 변화를 살펴보기도 하지만 그건 어디까지나 주관적으로 느끼는 시간의 흐름에 지나지 않을 듯하다. 결국 시간은 개개인의 삶의 방식에 따라 살같이 지나가기도 하지만, 아주 느긋한 걸음으로 가기도 한다.

시간을 무슨 재간으로 천천히 가게 하리, 라는 생각이 드는 건 내가 살아갈 날이 살아온 날보다 훨씬 적게 남았다는 사실을 받아들인다는 인정이다. 시간은 세상 어디서나 동일하게 흐르나 우리 내면의 시간은 각자 나름으로 흐른다. 열한 살 손녀에게나 일흔 할미에게나 1월의 출발 시간과 12월의 도착 시간은 같은데, 저기 저만치 종점을 앞에 둔 할미는 백 미터 달리기 선수다. 그렇다고 시간에 허덕거리며 치여 살 수는 없지 않은가. 바라건대 어린아이의 걸음으로 발바닥에 닿는 땅의 온기도 느끼면서 기어가는 벌레에게도 눈길을 주면서 시간을 건너고 싶다.

푸념 섞인 상념에 젖은 채 또 한 장의 달력을 떼어낸다. 1월의 상징인 겨울 정원은 사라지고 푸릇한 이끼 정원이 펼쳐진다. 그렇다. 엊그제 폭설이 내리며 기온이 곤두박질쳤어도 봄은 눈 덮인 땅속에서 푸르게 솟아 나오고 있음이다. 날마다 호시절이기를 바라지는 않으나 그리 나쁠 것도 없는 날들이 펼쳐질 것 같은 예감이 든다. 지난해 말에 '국립현대미술관 덕수궁관'에서 보았던 〈장욱진 회고전〉이 그걸 말해주지 않았는가.

"나는 심플하다. 정직하게 살려고 노력하고 있다."라고 당당하게 외치며 진솔한 자기 고백으로 창작에 몰두한 작가. 전시된 작품을 한 점 한 점 만났다. 가족, 집, 산, 해와 달, 나무와 까치 등 너무나 친근하고 일상적인 모티브로 그린 그림이 주는 정서는 맑고 투명한 빛이었다. 그 빛은 불안, 우울, 어떤 슬픔 같은 것을 잠재우며 내 마음을 촉촉한 온기로 가득 채웠다.

붓에 무언가를 이루었다는 욕심이 들어가면 그림은 사라진다고 한 작가. 손바닥만 한 그림 '일일시호일(日日是好日) 앞에서 작가가 주는 커다란 메시지를 듣는다.

 높은 산 아래 두 다리 뻗고 낙낙히 앉아 복잡하게 살 이유를 만들지 말라 하고, 얽히고설킨 인생일지라도 버리고 비워내며 단순하게 살아가는 게 좋다고 말한다. 봄 여름 가을 겨울 나날이 좋은 날은 네 안에 있는 것이라고.

뒷모습

　　　　　　　　　　한 여자가 상반신을 벗은 채 등을 보이고 앉아 있다. 꼿꼿이 세운 목과 붉은 머리카락을 위로 올린 뒤통수와 앞으로 뻗은 두 다리가 보일 뿐 얼굴은 보이지 않는다. 화폭의 중앙을 과감하게 차지한 창백한 등이 흔들리는 나의 시선을 끌어당긴다.

　'몽마르트의 작은 거인 로트렉'이 그린 '화장'이란 작품이다. 막 목욕을 마치고 나온 여인. 화가는 이 순간 이 여인에게서 어떤 감정을 느꼈을까. 육감적 혹은 감각적인 느낌일까 혹은 막 씻고 나온 여인의 신선함일까.

　흔히 화장이라 하면 거울 앞에 앉아 얼굴을 단장하는 여인을 연상하게 된다. 화장은 외모를 다듬는 행위의 하나다. 피부를 곱게 다듬고 눈썹을 그리고 립스틱을 바르고 몇 방울의 향수로 마무리하는 게 정석이다. 그러함에도 섬세하게 가꾸는 얼굴이 아닌 뒷모습의 그림을 '화장'이라 붙여놓고 무엇을 말하려 했음인지 궁금하다. 어쩌면 작가는 이 여인의 뒷모습에서 힘든 일상을 살아가는 여인의 내면을 그리고 싶었는지도 모른다.

　프랑스 귀족 집안에서 출생한 '로트렉'은 가문의 혈통을 유지하기 위해 오랫동안 이어온 근친혼에 의한 부작용으로 태어날 때부터 병약했고 왜소했다. 상반신은 어른의 모습이지만 하반신은 어린아이의 모습인 그를 아버지는 가문의 수치라며 외면했다. 그는 집을 떠나 물랑루즈에서 즐기며 매춘부, 댄서, 희극배우, 서커스 광대 등을 소재로 그림을 그렸는데 '화장'도 그 시절의 작품이다. 사회의 비주류를 주로 그리면서 자신을 위로한 로트렉의 시선은 냉정하지만 연민이 가득하다. '화장' 속 창백한 여인의 등에서 느껴지는 고단하고 슬픈 느낌은 작가의 마음을 대변하는 듯 아프다.

　우리는 하루에도 수십 명의 앞모습을 마주하고 살지만, 뒷모습은 그저 스쳐 지나가고 만다. 거리에서 스쳐 지나가는 타인이거나 직장에서 하루 종일 바라보아야 하는 동료의 뒷모습에 특별히 의미를 두지는 않는다. 그러다가 무심하게 바라보던 어느 뒷모습에서 왠지 우울하고 외로운 분위기를 감지하게 된다. 눈으로도 표정으로도 말하지 못한 이야기가 뒷모습에 있없다는 걸 느끼게 되는 순간, 한 사람의 일상 혹은 감정에 대해 생각이 깊어진다.

　결혼 초에 맞닥뜨렸던 어머니의 뒷모습이 보여주던 근심 가득한 무게가 너무 무거워 보여 슬펐다. 지금도 선연한 그날 어머니의 뒷모습에서 내가 본 것은 가족을 등에 업고 힘겹게 지탱하는 무게였다. 그 모습은 살아오는 내내 가슴에 얹히어 삶을 톺아보게 한다.

　진정으로 말하지 못한 이야기가 있다면, 때때로 가면을 쓰듯이 살아가야 하는 앞모습이 아니라 뒷모습에 있는 게 아닐까. 돌아서 가는 누군가의 뒷모습을 오랫동안 바라보았던 기억을 더듬어 보면, 쓸쓸한 존재의 외로움이 겹겹이 쌓여 거기에 도사리고 있었기에 시선을 끌지 않았나 싶다. 뒷모습은 소리 없는 언어이며 빈 캔버스와 같다.

푸른 자화상

그녀의 그림은 나의 정체성을 다시금 돌아보게 한다. 힘들고 어려운 자신의 삶을 외면하고 싶은 게 인간의 마음이다. 그러나 그녀는 자신이 더 당당해지기 위해 외면하고 싶은 삶을 똑바로 마주한다. 자아를 실현하며 화가로 우뚝 선 그녀 '수잔 발라동'.

수잔 발라동은 미혼모의 딸로 태어났다. 세탁부였던 어머니를 따라 파리로 이주한 후 서커스단원, 세탁부 같은 허드렛일을 하며 근근이 살아간다. 교육도 받지 못하고 험한 일을 하던 그녀는 열다섯 나이에 모델 제안을 받게 된다. 타고난 그녀의 아름다운 자태가 화가들의 눈에 띄어 그림 속 인생을 살게 되는 인생의 전환기를 맞는다. 당시 파리에서 활동하던 '피비드 샤반', '툴루즈 로트렉', '에드가르 드가', '르누아르'의 그림 속에 그녀는 순수한 소녀에서 요부까지, 다양한 모습으로 표현된다. 당시 모델은 화가의 정부라는 이미지가 강했지만, 그녀는 아랑곳하지 않았다. 어려서부터 동경하던 예술세계에 합류했다는 그 사실만이 의미가 있었다.

모델을 하던 '수잔 발라동'이 어째서 그림을 그리게 되었을까. 타고난 감각을 지녔던 그녀는 긴 시간 자신을 그리는 화가를 바라보며 어깨너머로 그림을 그리는 방법을 터득하였다. 하지만, 그릴 수 있다는 그 이유만으로 그림을 그렸을까.

그녀는 르누아르의 모델이자 정부였다. 르누아르의 그림 속 여인들은 밝고 화사하고 아름답다. 춤을 추거나, 책을 보거나, 피아노를 치거나 모델은 '수잔 발라동'이다. 그녀의 첫 작품인 '푸른 자화상'과는 동일인이라 볼 수 없는 이미지이다. 눈매가 얼음처럼 차갑고 창백한 얼굴에 꾹 다문 입매와 표정은 하고 싶은 말을 참고 있는 듯 보인다. 볼이 통통하고 발그스레한 르누아르의 소녀는 어디에서도 찾아볼 수가 없다. 그녀는 자신이 처한 밑바닥 현실과 상반되는 그저 아름답기만 한 그림 속 자신을 인정하였을까. 그랬다면 강한 끌림이 느껴지는 진솔한 그녀의 자화상은 만나지 못했을 것이다.

자기 자신을 숨김없이 드러낼 수 있다는 건 삶을 관통하는 진실의 눈이다. '수잔 발라동'은 그림을 그리며 자아를 찾아갔다. 늙고 병든 어머니와 사생아인 아들도 그녀의 열정 앞에 걸

림돌이 될 수 없었다. 거짓 없는 눈으로 자신을 바라보고 그리며 자신을 다독였다.

"나는 내 삶을 지키려고 필요한 고집을 가지고 그림을 그린다. 자신의 예술을 사랑하는 모든 화가는 같은 마음일 것이다." 그녀의 말처럼 그녀에게 그림은 한 줄기 빛이었고, 그 빛은 그녀의 생을 이끌어가는 간절한 기도였고 길이었다.

그림으로 그 시대와 삶을 만난다. 고통스럽고 치욕스러운 생을 버텨온 한 인간의 고독을, 있는 그대로의 모습으로 살았던 한 여인의 진심을 가슴 깊이 절감한다. 그녀의 지독히 빛나는 삶을 만나면서 나를 투영해 본다. 나는 나라는 존재에 대해 얼마나 알고 있는지, 나의 삶에서 겪고 터득한 그 무엇을 진솔하게 쓰고 있는지, 답을 낼 수 없는 질문들이 사유의 틈을 비집고 들어온다. 그것은 마치 거울 앞에서 나의 결을 비추어 보게 하는 일이다. 미술관에 가고 그림을 만나는 이유이기도 하다.

자화상, 그 내면의 세계

〈비엔나 1900, 꿈꾸는 예술가들〉 전시에 다녀왔다. 이 전시는 19세기 말부터 20세기 초까지 세기 전환기 비엔나를 무대로 예술의 자유를 표현하고자 했던 '구스타프 클림트'와 동료들이 창립한 비엔나 분리파의 작품들로 이루어졌다. 회화, 드로잉, 포스터, 사진, 공예품 등이 전시되었고 기회가 오면 꼭 봐야겠다고 생각하던 '에곤 실레'의 '꽈리 열매가 있는 자화상'이 있었다.

'에곤 실레'는 오스트리아의 표현주의 화가로, 그의 작품에는 인물 표현의 강렬함과 스크래치처럼 날카로운 선들이 특징적으로 사용된다. 그가 남긴 몇백 점 자화상 중에서 이 '꽈리 열매가 있는 자화상'은 그의 독창적인 화풍과 내면의 섬세한 감정을 동시에 담고 있다. 강렬하면서도 불안정한 얼굴의 윤

곽선은 내면의 감정선을 드러낸다. 꽈리 열매와 입술, 눈동자에 나타나는 붉은색과 머리와 옷의 검은색은 조화로운 색채감으로 균형을 이루며 시선을 잡는다.

자화상의 얼굴은 단지 하나의 이미지가 아니다. 그것은 그의 삶의 투영이자, 그가 느낀 내면의 격렬한 움직임을 드러내는 창이다. 에곤 실레의 자화상은 독특한 구도를 이룬다. 시선을 내리깔고 "네가 나를 알아?" 묻는 듯하다. 그 시선은 나의 심장에 꽂힌다. 비틀린 입술은 무언가 할 말을 내뱉으려는 듯 움직인다. 어딘가 슬픔을 감춘 듯하나 당당하다. 그 얼굴은 단순히 형상만을 그린 그림이 아니다. 자신을 깨고 쪼개어 몸 밖으로 끄집어낸 얼굴이다. 마치 그는 자신의 모습을 통해 자신을 끊임없이 해체하고, 그 이면에 숨겨진 진실을 찾아내려는 듯하다.

자화상 속 그의 시선을 애써 마주한다. 다소 거만한 표정으로 내려 보는 그 시선은 무엇을 보는 것일까. 곰곰 생각에 잠긴다. 얼굴이란 두 존재가 만났을 때 가능한 장소라고 누가 말했다. 보아주는 상대가 있을 때 내 얼굴은 읽히게 된다. 우리는 누군가와 만날 때 상대의 눈을 보며 말한다. 타인과 만났을 때 우리의 뇌는 상대가 나를 호의적으로 보고 있는지, 무슨 생각을 하고 있는지를 눈빛에서 읽어내려고 작동한다. 이 그림의 얼굴은 유감스럽게도 상대의 눈을 바라볼 생각은 아예 없는 듯하다. 도도함이 비친다. 바라보는 자를 외면하려는 듯, 자기와 눈을 맞추려거든 나를 보아 달라는 듯, 나는 무엇에도 흔들리지 않고 꿋꿋이 서리라는 듯, 어떤 간절한 애원이 스며 있다.

이 자화상은 클림트의 영향에서 벗어나 여러 실험을 거치며 자기만의 화풍, 자기만의 양식을 만들어가며 홀로 독립하던 시기에 그려졌다. 그는 두 살 때부터 그림을 그렸다고 전해진다. 일곱 살 때 그린 열차 드로잉에 나타난 섬세한 디테일은 그의 천부적 재능을 잘 보여준다. 성인이 되면서 성과 에로티시즘을 주제로 다루었으며, 이는 당시 사회에서 금기시되었던 주제였다. 그는 자신의 아틀리에에 거울을 놓고 자신의 벗은 몸을 이리저리 비춰 보며 수없이 많은 몸을 그렸다. 자신을 미화하지 않고 인간 욕망의 끝을 파헤쳐 보여주려는 듯 비틀어지고 멍들고 깡마른 육체를 그리고 또 그렸다. 이런 그림의 이면에는 매독에 걸려 죽은 그의 아버지에게서 받은 죽음에 대한 공포와 에로티시즘에 대한 환상이 도사리고 있다.

에곤 실레의 그림을 화집을 통해 접했을 때, 정면으로 바라보지 못했었다. 적나라하고 고통으로 점철된 인물들의 벗은 몸은 충격이었고 아팠고 슬펐다. 어떻게 이런 그림을 그릴 수 있을까. 무엇을 이토록 파헤치고 싶었을까. 그 숱한 질문을 나에게 던지며 그 그림들과 가까워져 갔다. 거기엔 상처와 고통을 치유해 가는 한 미소년의 성장이 도사리고 있었다.

　그림을 보러 다니는 나를 보고 한 친구는 "그림을 보고 무얼 느끼는지 궁금하다."고 묻는다. 그 질문에 그냥 좋아서 보러 다닌다고 답했지만, 나는 작가라는 타인의 내면세계를 그림 속에서 헤아려 이해하려는 것인지도 모른다. 자신을 포장하지 않고 드러내고 깨부수고 해체하면서 본질에 다가가고자 했던 '에곤 실레'. 오래 바라보는 자화상 속 눈빛을 내 눈에 담는다.

상처받은 존재의 부활

　　　　　　　　　　　참된 나로, 진짜인 나로 산다는 것은 무엇일까? '나'라는 존재를 똑바로 들여다본 적은 있었는가.

　엄마이며 할머니, 며느리이며 딸, 누나, 언니, 한 집단의 구성원 그리고 누군가의 친구이며 아는 사람이란 게 겉으로 드러난 내 모습이다. 관계와 관계로 이어지는 삶에서 나와 연결된 많은 것들은 나로 인해서 재창조된다고 믿는다. 나는 하나이면서 오만 가지 사고로 표출되는 또 다른 내가 존재하고 있을 것이다.

　나를 이루는 수많은 나와 타인의 관계에 대해 생각하게 하는 한 작품을 만났다.

　'국립현대미술관 청주관'에서 접한 이수경의 '번역된 도자기'. 도자기를 번역한다는 게 무슨 의미일까. 번역의 사전적 의미는 '어떤 언어로 된 글을 다른 언어의 글로 옮김'이다. 작가는 이 작품을 통하여 무엇을 어떻게 번역하여 표현하려 했을까.

   작가는 어느 도자기 명장의 작업 현장을 찾아갔다가 가마에서 꺼내는 도자기를 깨버리는 것을 보았다. 도예가의 눈에 실패인 그 깨진 도자기 조각에서 그녀는 어떤 사유와 도예가가 공들인 시간을 보았을 것이다. 그러기에 그녀는 쓸모없다면 쓸모없을 파편에 지나지 않은 그 조각들을 담아왔을 것이다. 그녀는 그 깨진 조각을 이어 붙이며 생명을 불어넣었다. 머릿속에서 하나의 완성품을 그려가며 이어 붙여갔다. 어긋난 곳을 맞추기 위해 깨어진 것을 다시 다듬지도 않았다. 깨지면서 받아야만 했던 아픔을 작가는 느꼈고 아픔을 주지 않기 위해 그대로 맞추어 가며 작업을 했다. 조각과 조각의 틈을 이어준 재료는 금박이다. 작가는 금(線)을 금(金)으로 이어준다는 일종의 '언어유희'라고 말했지만, 나는 거기에서 아픈 상처를 치유하는 강하고도 부드러운 손길을 감지했다.

   나를 바라보는 시선에서 너를 바라보는 시선. 나와는 아무런 상관이 없는 듯한 상대에게서 어느 순간 느꼈을 수도 있는 시선. 관계와 관계를 이어주려고 깨진 조각을 맞추어 가는 작가의 손과 가슴과 머리. 사고의 깊이를 더해주는 작품 앞에서 시간 가는 줄 모르게 서서 무엇이 거짓이고 무엇이 참인지를 단정 지을 수 없는 나를 번역한다.

"사람들은 쓸모없는 존재가 다시 의미 있게 태어났을 때 위로를 받아요. 제 작품도 버려지고 상처받은 존재가 다시 새롭게 태어난 것이죠."

작가의 말처럼, 실패했다고 모든 게 끝나는 건 아니다. 부서지고 깨지며 상처를 받아도 스스로 또는 타인의 도움으로 봉합하고 어루만지며 치유하고 다시 태어나는 것임을…. '번역된 도자기'는 무수한 가능성을 품은 한 세계였다.

눈으로, 마음으로

밤늦은 시간, TV 채널을 돌리다가 진주 목걸이와 귀고리를 판매하는 홈쇼핑에 눈이 멈췄다. 이 늦은 시간에 명품과 보석을 광고하는 건 잠 못 들고 TV 앞에 앉아 있는 중년 여성을 타깃으로 한 것인가. 딱히 구매할 의사도 없으면서 쇼호스트의 친절하고 예쁜 모습에 시선이 가는 건 어쩔 수 없다.

"나는 보석을 좋아하지 않는다."

이런 말을 들으면 '보석을 좋아하지 않는 여자도 있다고?'라는 물음이 되돌아온다. 하지만, 그걸 소장할 능력이 못 되어서인지 아예 그것들과는 거리를 두고 살아온 셈이다. 그러다가 나이가 들어 격식을 차려야 할 자리에 갈 기회가 생기면서 차림에 신경이 쓰였다. 어떤 차림이 좋을까. 내 나이대 여성이라면 한 번쯤은 해보았음 직한 고민. 이리저리 재어보다 고이 모셔뒀던 진주 귀고리를 꺼낸다.

거울 앞에서 진주 귀고리를 달며 조금이라도 더 화사하게 보일 얼굴을 상상한다. 별스럽고 우습다고 여길지 모르지만 이렇게 나는 자기 위안에 빠진다.

나이가 들어도 여자는 스스로 빛나기를 꿈꾸는 존재이다. 위안이라고 해도 좋을 그 존재를 어떤 대상에서 눈으로, 마음으로 찾는다. 나에게 그것들은 꽃이나 나무, 자연의 모든 변화가 가져오는 익숙한 듯 생경한 것들과 예술 작품이다. 나라는 평범한 사람은 그 존재들에게서 매 순간 다르게 볼 수 있기를 기대하며 노력한다. 때때로 그림을 보며 내 하루하루의 삶 속 사유의 창을 활짝 열어 놓는다. 숨겨진 미(美)와 희로애락(喜怒哀樂)과 비밀스러운 아름다움에 서서히 스며들기를 기다린다. 나를 잊게 만드는 그 마법과도 같은 감동의 순간들이 이어지는 삶을 꿈꾸며.

그런 나의 상상을 자극하는 그림 하나가 있다. '진주 귀고리'라고 하면 자연스레 떠오르는 그림이다. 네덜란드 화가 요하네스 베르메르의 '진주 귀고리를 한 소녀'(1665년경). 서양 예술에서 걸작 중의 하나로 손꼽히는 명작이다.

부드러운 빛을 받은 한 소녀의 얼굴. 물기 머금은 애잔한 눈빛과 무언가를 말하려는 듯 벌어진 입. 머리에는 푸른 머리띠를 두르고 진주 귀고리를 달았다. 별빛 숨어버린 밤하늘 같은 배경은 소녀를 더욱 돋보이게 한다. 화가는 이 소녀에게 진주 귀고리를 선물하고 싶었던 건 아니었을까. 이 시대에 평범한 한 소녀가 지닐 수 있는 장신구가 아니기 때문이다. 누군가를 응시하고 있는 소녀. 마치 나를 바라보는 듯한 착각을 불러일으키는 맑은 시선에 붙잡히고 만다.

귀고리를 한 소녀의 모습은 지순한 아름다움을 나에게 주고 있다. 세상에 완벽한 아름다움이 있을까. 있다면 이 소녀일 것이다.

너와 내가 만든 세상

"너 그 얘기 들었어?"

가만히 다가와 귀에다 대고 속삭이는 말. 알고 싶지 않은 사람에게도 호기심을 유발하는 말이다.

마주 보고 있는 거울 뒤로 새빨간 앵무새들이 끝없이 줄지어 있다. 사람이 하는 말을 그대로 따라서 하는 앵무새는 키우는 이에겐 재롱둥이다. 하지만 이 작품에선 남의 말을 듣고 아무 생각 없이 소문을 옮기는 사람들을 상징한다. 무슨 뜻인지도 모르고 반복하는 앵무새는 어쩌면 우리들의 페르소나인지도 모르는데, 책임을 물을 수 있는 누군가가 있기나 할까.

전시장 안은 동굴 속에서 흘러나온 듯한 음악이 출렁이고 있다. 짓누르는 듯한 분위기에 잔뜩 긴장되면서도 이끌리듯 발걸음을 옮긴다.

"게으르고 잔꾀가 많은 그들이 우리 돈을 갈취해 부자가 되고 있습니다.", "그들이 우리 언론을 장악해 우리를 조종하고 있습니다."

작품으로 만든 벽에 뚫어놓은 수많은 구멍을 들여다보면 혐오와 저주의 선동 문구가 담겨 있다. 제2차 세계대전 당시 나치 독일이 유대인을 축출하기 위해 퍼뜨린 유언비어를 비롯해 역사 속 가짜뉴스를 모아놓은 '소문의 벽'이다. 충격적이다.

진실은 어디에 있었던 것인가.

지난겨울 포도뮤지엄*에서 접한 〈너와 내가 만든 세상〉*은 왜곡된 정보를 통해 편견과 혐오가 증폭되는 과정과 그 혐오의 해악성이 인류에게 남겨온 고통을 영상과 설치미술작품으로 보여준다. 농담처럼 뱉은 사소한 말들이 몸집을 불려 혐오가 되고, 그로 인해 끔찍한 균열로 치닫는 여정을 마주하면서 저런 상황을 맞닥뜨려야만 했던 개개인을 향한 생각으로 가슴이 옥죄이듯 답답했다.

어디서부터 잘못된 건지 수없이 되뇌어봐도 해답을 얻을

---

*포도뮤지엄: 서귀포시 안덕면 산록남로에 자리한 미술관.
*너와 내가 만든 세상: 비뚤어진 공감이 만들어내는 혐오의 해악성에 대해 돌아보고, 진정한 공존의 의미를 생각해보자는 취지로 기획한 전시.

수 없었다. 벽이 버티고 있었다. 잊어버려야지. 마음을 다잡으면서도 밥을 먹다가 책을 보다가 잠자리에 들어서도 문득문득 떠올라 나를 지배했다. 형체 없는 것으로부터의 고문에서 벗어나려 미친 듯이 걷고 또 걸었다. 거친 바람에 조각조각 분해되어 날아가 버리기를 바라면서.

그즈음 무탈하게 자라던 제라늄이 누렇게 죽어갔다. 동그란 핑크 꽃이 고와서 더 많은 꽃을 보려는 욕심에 꺾꽂이해서 잘 자랐는데, 무슨 영문인지 모르겠다. 내 손길에 정성이 모자라서인지 아니면 내 문드러진 속을 감지라도 한 것인지…. 아침이면 차 한잔하면서 듣던 음악도 그즈음에는 멈춰 있었다. 아름다운 장미도 볼품없다는 말을 자꾸 들으면 자학 끝에 시들어 버린다고 한다. 혼자 지내기 쓸쓸하여 벗으로 들인 화초들이 내 마음을 느끼고 있었다면 가꾼다면서 폭력을 가하고 있었던 게 아닌가.

언젠가 갔던 정원에는 크고 작은 나무가 적당한 간격을 두고 서 있고, 나무 아래에는 여러 가지 식물들이 서로 어우러지면서도 각자의 개성대로 살아가고 있었다. 정원지기는 모든 식물의 배치는 '엉성하게 치밀하게'를 바탕으로 가꾼다고 했다. 그 말이 가슴에 들어와 콕 박혔다.

정원을 찬찬히 걸어보았다.

봄볕을 받는 이끼 언덕을 끼고 돌면, 꽃잎을 열고 있는 수

선화와 노랑과 연분홍 향기별 꽃이 어우러진다. 겨울을 넘기고 알차게 여문 녹색 암대극 사이로 하얀 은방울수선이 하늘거리고, 그 주위로 은발을 풀어 헤친 듯한 그라스가 사방팔방 휘청거린다. 주변의 콘크리트 건물이며 황폐해 보이는 벽이 그라스의 물결과 어우러져 부드러운 분위기를 자아낸다. 키가 큰 목련은 꽃눈을 부풀리며 때를 기다리고 주변의 크고 작은 나무들도 여린 잎을 빼꼼히 내민 가지 틈새로 푸른 하늘을 들인다.

자연의 시계가 이끄는 대로 존재와 여백의 미를 보여주며 서로를 돋보이게 하는 정원. 어느 하나 소외되는 게 없는 찬란한 식물의 세상에 나도 스며들 듯이 편안해졌다.

균열의 시작과 소문의 벽을 지나고, 왜곡의 심연과 혐오의 파편을 주제로 한 작품들을 보면서 '이건 거짓이어야만 한다'라는 두려움의 소리가 들려왔다. 종교분쟁, 인종차별, 난민, 유언비어 등이 나와는 무관하다고 자신 있게 말할 수 있을 것인가. 부정하고 싶어도 이 세상에 존재하는 한 의도하든 않든 연결되어 있을 것이다. 무거운 걸음으로 들어간 마지막 전시실은 숙고의 방. 혐오가 남긴 처절한 상흔도 용서와 화합을 통해 치유할 수 있다는 선인들의 메시지가 엄숙하게 빛나고 있다.

"우리가 누군가를 미워하는 건 그의 모습에 비친 우리 안의 무엇인가를 미워하는 것이다."라는 헤르만 헤세의 어록 앞에서, 혼란스러운 생각의 가지를 붙들고 나를 돌아본다.

동물의 세상을 그린 전시실을 돌며 불현듯 떠오른 식물의 세상은, 영혼을 깨우고 그리 살아가야 한다는 간절한 기도가 아니었을까. 너와 내가 만들어가는 이 세상이 순연하게 돌아가기를 소망하는.

관계를 이루는 그 무엇을 고민하며

　　　　　　　　　　　　　가끔 전시된 작품을 보면서 작가의 의도가 무엇인지 정확하게 알고 싶다는 관람객을 만나게 된다. 답이 정해져 있는 수학 문제도 아니고, '정확'이라는 단어에 어떻게 해설해야 할지 좀 난감해진다. 특히 추상화를 보면서 무얼 그렸는지 알고 싶다는 말에는 수긍하면서도, 길을 안내하듯 기본에 충실한 나의 해설이 관람객을 만족시킬지는 늘 의문으로 남는다.

　그림을 보며 그 그림이 무엇을 말하려 하는지 궁금증을 갖는 건 당연한 일이다. 그러나 보는 이에 따라 그 느낌은 다를 수밖에 없다. 전시된 꽃 그림을 보면서도 무슨 꽃을 그렸는지에 관심이 가는 이가 있을 것이고, 꽃을 통하여 작가가 말하고자 하는 게 무엇일지를 궁금해하는 이도 있을 것이요, 그 꽃에서 자신과 인연을 맺었던 그 누군가를 기억해 내곤 자기의 생을 돌아볼 수도 있을 것이다. 그럴 때 그림 속의 꽃은 나에게로 와서 "하나의 의미"로 각인되고 새로운 관계가 형성되며 확장되는 게 아닐까 싶다.

관계가 형성되며 나의 사유를 깊고도 넓게 이끌었던 작품이 있다. 부산 시립미술관 이우환 공간에서였다. 발을 들여놓은 순간 무엇을 표현하려 한 작품인지 순간 멈칫했다. 설치작품이긴 한데 늘 보아오던 작품과는 확연히 달랐다. 너무나 단조로운 설치물. 자연에서 온 돌과 제련을 거친 철판. 그리고 공간을 가르는 벽이 정적 속에 자리 잡고 있었다. 이우환 작가의 '관계항'이라는 작품이다.

그 공간에 내가 들어섰다. 한 발을 들여놓았을 때, 이미 내가 감지 못 하는 어떤 흐름의 변화가 생겼을 것이다. 돌, 철판, 벽이 서로 주고받고 이 공간의 온도와 그곳만이 품은 기류와의 관계는 36.5도의 인간인 내가 들어서는 순간 변화했을 것이다. 한참을 서서 돌을 바라보고 철판을 바라보며 그들과의 관계를 생각했다.

지금 여기 중심에서 모든 에너지를 받아들이는 저 돌은 어디에서 왔을까. 산, 들, 바닷가, 어느 모퉁이나 언덕배기에 박혀 있던 돌일 수도 있겠다. 어디에서 왔어도 돌은 많은 기억을 품은 존재로서 여러 의미를 내게로 보내고 나는 그가 보내는 사유의 흔적들을 찾으며 무언의 대화를 시작한다.

오래전의 이야기다. 귤나무 사이 좁은 통로 한가운데, 다소 곳이 박혀 있던 돌 하나가 있었다. 나무를 심을 때 들어내지 못한 채 남겨진 돌은, 퇴직 후 매일 과수원을 오가던 아버지의 발걸음과 귤을 따던 이들의 눈길 속에서 조용히 자리 잡아 갔다. 귤을 따다 한숨 쉬고 수레에 귤을 싣고 가다 잠시 멈추어 허리를 펴는 자리. 걸리적거린다고 미움만 받던 그 돌은 차츰차츰 모두를 앉히는 쉼터가 되었다.

내가 자주 찾는 바닷가 '그 작은 바윗돌'도 바라봄을 열어 주는 '내 자리'이다. 체한 듯 막혀 있던 생각의 고리들이 길을 열어 나를 데려가고 다시 내게로 돌아온다. 이 작은 바윗돌은 무수한 타인의 자취도 따뜻하게 품고 있을 터이다.

과수원의 돌덩이도 바닷가의 작은 바윗돌도 나만의 전유물은 아니다. 다만 나의 기억 속에 아스라이 멀어지는 따뜻했던 부정(父情)을 다시 불러오고, 그 바닷가 바윗돌은 늘 나를 기다리는 자리가 있다는 안도감 같은 것이다. 그래서 나는 덩그러니 놓여 있는 저 돌의 존재를 물어보고 이렇게 답 내기를 반복하는 것인지도 모른다.

"내 작품은 장(場)이나 공간, 주위의 물(物)과의 관계가 중요하다. 작품의 핵심을 이루는 부분이 있다고는 하나, 그것과 외계가 공명하여 선명하게 열리는 세계야말로 아트인 것이다. 그래서 작품은 대상성을 넘어서 주위에 퍼지는 바이브레이션이 강할수록 좋다. 그야말로 작품은 닫힌 의미의 체계인 대상이 아니라, 외부나 타자와의 열린 관계의 장이라는 것이다."(이우환, 『양의의 표현』, 148쪽)

이해하기 어려웠던 이우환의 작품은 관람객인 나를 통하여 바라보는 방식이나 경험하는 과정이 작품의 의미를 결정지었다고 나름 해석해 본다. 결국 '관계항'은 이쪽과 저쪽이 열린 관계를 상징한다. 우리네 삶 속 너와 내가 얽혀 있는 그물. 그 속에서 우리의 삶이 시작되고 끝도 맺게 되는 것이니까.

오너라, 나의 봄아!

　　　　　　　　　　　어릴 적 살던 집 뒤에 양지바른 동산이 있었다. 현무암 바위가 드문드문 솟아나 있는 틈새 터에 복숭아나무가 자라고 나무 아래에는 푸른 풀꽃들이 수줍게 피고 있었다. 열한 살 내 키 위로 복숭아나무 가지가 하늘을 향해 뻗어나갔다. 꽃이 피면 안개처럼 흐르는 향기가 온 동산을 적셨다.

　　불그스레한 복사꽃 송이 송이가 바람에 흩날리는 날, 신랑각시 소꿉놀이하던 그 시절이 지금은 꿈만 같다. 마냥 좋아 뛰어다니던 그때는 두근거림이 뭔지 알았을까. 가물가물 멀어져 간 그 봄날의 두근거림을 다시 느낄 수 있기를 바라는 건 나이 먹은 이의 욕심일 뿐인가.

　　내 생애, 기쁘게 혹은 슬프게 때로는 절망적이기도 했을 봄이 오고 지나갔다. "마흔 번의 봄을 맞이한 건 축복"이라 했던 피천득 선생. 그에 비하면 나는 일흔 번이 넘는 봄을 맞이했으니 큰 축복을 누리고 있음이다. 그것은 열락(悅樂)을 넘어서는 행복이다. 술렁대며 피어나는 복사꽃 진달래 목련과 함께.

그림은 기억하고 싶은 일상의 어떤 모티브에서 시작한다.

우울했고 힘들었다고 회자하는 빈센트 반 고흐의 생애이지만 그의 삶 중에서도 봄처럼 곱고 따스한 기억으로 남은 시간이 있었다. 2년간의 파리 생활에 지친 고흐는 갑자기 파리를 떠난다. 기차를 타고 도착한 곳은 프랑스 남부 아를. 하얗게 눈이 쌓인 겨울의 끝자락에 홀로 선 고흐는 외롭고 불안했을 테지만, 아를의 맑고 아름다운 풍경에 마음을 놓는다.

봄이 되자 고흐는 과수원 풍경을 그리기 시작한다. 파리에서처럼 옆에 사랑하는 동생도 로트렉이나 고갱 같은 친구도 없었지만, 봄의 생명을 품은 나무와 꽃이 있었다. 눈앞에서 생동하는 듯한 복숭아나무. 분홍빛으로 화사하게 피어나는 복사꽃 무리를 화폭에 담으며 행복했을 고흐를 상상해 본다. 봄의 열기는 살아있는 모두를 휘청이게 한다. 세상을 밝히는 꽃들의 외침으로. 봄이 우리를 설레게 하듯 그도 설렜으리라.

3월 중순쯤이면 '이중섭 공원'에 복사꽃이 피기 시작한다. 때에 맞추어 '복사꽃이 돗국물*에 빠진 날' 축제가 열린다. 돼지를 삶고, 돗국물에 모자반을 넣어 국을 끓이고 돼지고기 반으로 축제에 온 모든 이들에게 대접한다. 꽃나무를 나누어 주며 한 그루의 봄을 그대의 뜰에 선물한다. 서귀포 도심 한복판에서 옛 정취 묻어나는 봄날의 잔치가 무르익는다.

"오너라 나의 봄아 오너라/너는 내 가슴에 떨리는 대로 떨리누나" 한 시인이 노래했듯이 복사꽃 꽃불 밝힌 날, 우리의 가슴이 어찌 두근거리지 않을 수 있을까. 좋은 벗과 손잡고 이 봄을 마중하자.

*돗국물: 돼지 삶은 국물의 제주어.

감자 한 알이 채워주는 그 무엇에 대하여

싸락싸락 눈발이 날리는 오후, 감자 몇 알을 찐다. 점심을 그런대로 챙겨 먹었는데도 갑자기 허기가 느껴졌다. 어쩌면 진짜로 배가 고픈 것은 아니었는지 모른다. 홀로 있는 시간이 흐르는 물 위에 떠 있듯이 자유롭다가도 그 자유로움이 허허로울 때가 있다. 무언가 먹고 싶다는 욕구는 이 마음의 허기마저 채우고 싶어서인가, 라며 감자 껍질을 벗기고 채반에 나란히 올려놓고 뚜껑을 덮는다. 껍질을 벗기지 않고 쪄야 영양 손실이 적다고 하지만, 나는 푹 익은 감자의 속살이 뿜어내는 보드라운 식감과 뽀얗게 피어오르는 하얀 김을 보는 게 좋아서 늘 이렇게 한다. 구수한 냄새를 품고 피어오르는 하얀 김을 후후 불며 한입 베어 문다. 감자의 속살이 보드랍고 포근하고 순하다. 입안에서 퍼지는 폭신한 온기가 헛헛함을 물리친다. 감자 한 알이 채워주는 넉넉함이다.

어머니에게 들었던 감자 이야기다. "내가 십 대였던 40년대. 감자나 고구마를 캐면 겨울 한파에 얼지 말라고 땅을 파고 묻었다. 시간이 지나면 썩은 게 나왔다. 그냥 놔두면 성한 감자도 썩을 수 있으니 그 썩은 감자를 골라냈다. 골라낸 썩은 감자를 밭 구석에 버리면 그것을 주우러 오는 이들이 있었다. 썩은 감자를 주워다 뭐 할 거냐고 물으니, 썩은 감자를 물에 담가서 윗물을 거듭 갈아주면 끝에는 감자전분이 남고, 그 전분으로 수제비를 만들어 먹는다고 했다. 그 말을 들은 후에 어른들 모르게 감자 몇 알을 썩은 감자 속에 넣어두었다."라고 한 어머니였다. 크면서 누누이 들었던 감자 한 알의 이야기가 진실인지 아닌지는 중요하지 않다. 어머니가 흙 속에 뿌리내리듯이 심어주고 싶었던 건 먹어야만 살아갈 수 있다는 그 당연한 진리였다.

작은 방 안에 나무 식탁을 중심으로 다섯 식구가 앉았다. 꽉 차는 그 공간의 중심에 희미한 램프 하나만이 어둑한 실내를 밝힌다. 식탁에 둘러앉은 인물들이 눈에 들어온다. 불거진 광대뼈에 주름진 얼굴. 우울해 보이기도 하고 강해 보이는 표정이 진지하다. 나무뿌리처럼 불거진 손에 억척같은 삶이 드러난다. 이들의 눈동자는 검고 맑다. 마치 지나온 삶의 무게와 생존을 위해 버려내야만 하는 고통을 깊이 감춘 눈빛이다.

반 고흐의 작품 '감자 먹는 사람들'은 그의 독특한 화풍과 강렬한 색채, 그리고 진솔한 감정이 결합되어 있는 작품 중 하나이다. 이 그림은 어느 가족의 저녁 식사 풍경을 담고 있지만, 살아내야만 하는 삶을 감자를 먹는 모습으로 표현했다. 가족이 모여 앉은 저녁 식탁은 하루의 일과를 무사히 마쳤다는 안도의 자리이며 내일을 위한 충전의 자리이기도 하다.

그림 속에 담긴 인물들의 표정이 그림에서 눈을 뗄 수 없는 객의 시선을 붙잡는다. 하루의 일과를 마치고 식탁에 둘러앉은 그들의 얼굴에서는 피로와 고뇌가 엿보인다. 바탕을 이루는 자연의 흙색과 감자의 황토색은 서로 어우러져 그들의 삶의 고단함을 시각적으로 전달한다. 땅속에서 열매를 맺는 감자가 인간의 존재와 생명의 본질을 상징하는 것처럼 느껴진다.

고흐는 동생 테오에게 보내는 편지에 이렇게 썼다. "나는 램프 불빛 아래서 감자를 먹고 있는 사람들이 접시로 내밀고 있는 손을 그리고 싶었다. 그 손은 그들이 땅을 판 손이기도 하다. 농부는 목가적으로 그리는 것보다 그들 특유의 거친 속성을 드러내는 것이 진실하다. 시골에서는 여기저기 기운 흔적이 있는, 먼지가 뒤덮인 푸른 옷을 입은 처녀가 숙녀보다 멋지다."라고. 농부의 손은 그들이 살아온 내력을 고스란히 담고 있다. 그 손으로 거둔 감자를 먹는 모습이 삶의 본질이라고 그는 말하고 싶었던 것일까.

속이 허해서 감자를 찌는 여자도, 썩은 감자를 주워다가 나름의 지혜로 먹거리를 만들어 먹었던 가난한 이들도, 하루의 노동을 감사하며 서로를 위로하는 눈빛으로 감자를 먹는 가족도 연민의 눈으로 다시 보듬는다. 절박함의 두께는 다를지언정 삶은 그렇게 이어져 왔고 이어가는 것이라 토닥이면서.

제2부

이 찬란한 삶을 위하여

그 은밀한 유혹

청색의 어두운 기운이 가득하다. 창에는 불투명한 푸른색 커튼이 드리워져 있고, 창밖은 거리를 다니는 사람들로 활기차다. 방 안에서 내다보는 거리의 풍경과는 대조적으로 커튼 뒤에 숨어서 키스를 나누는 남녀의 모습은 왠지 은밀하고 우울하다. 서로를 흡수해 버린 듯 윤곽이 사라진 얼굴은 비밀스러운 분위기를 자아낸다.

에드바르 뭉크 전시 소식을 접하고 그 '절규'를 보러 간 전시장에서 이상하리만치 눈길을 사로잡은 그림이 이 '창가의 키스'다. 사랑은 서로의 체온과 감촉과 감정을 나누어야 완성되는 실체라고 은근히 이해를 바라는 듯한, 격정적이지만 조심스러운 실루엣이 사랑의 환희와는 다른 불안한 감정선에 머물렀다.

뭉크는 첫사랑에게서 받았던 가혹한 아픔과 절망을 작품으로 승화하고자 했다. 사랑의 절정을 상징하는 '키스'는 가장 상징적인 모티브이다. 그가 남긴 '키스 연작'은 남녀가 하나로 융합되지만, 그에게서 사랑은, 함께하는 순간은 일시적이며, 온전한 개인으로서의 자신을 잃는 가혹한 대가가 따른다는 것을 보여주고 있다. 사랑의 기억은 보편적으로 아름다운 기억으로 남아있게 마련이지만, 그의 사랑은 항상 이별과 질투, 우울, 깊은 절망, 그리고 사랑 이후에는 죽음이 도사리고 있음을 암시한다.

어린 나이에 맞닥뜨린 어머니의 죽음과 연이어 같은 폐결핵으로 세상을 떠난 누나. 아버지의 우울증과 광신도적인 믿음. 그 곁에서 혼자 감당해야 했을 울분과 외로움과 고독감이 어떠했을지를 감히 말하지 못한다. 그러나 그가 남긴 '절규'를 통해서 응축되었던 그 감정의 폭발을 처절하게 느낄 수 있다. 사람은 무언가를 통해 자신의 감정을 발산하여야만 살아갈 수 있는 존재인 것도.

"나는 숨 쉬고 느끼고 괴로워하고 사랑하는 사람, 즉 살아있는 사람들을 그릴 것이다. 사람들은 이 작업의 신성함을 이해하고 교회에 갈 때처럼 모자를 벗을 것이다." 여성에 대한 피해의식과 배신에 대한 두려움을 예술로 승화한 뭉크의 말이다.

뭉크가 겪고 작품으로 극복해 낸 '사랑과 죽음'은 개인의 극

단적인 비극이다. 하지만 이를 겪지 않고 살아가는 인생이 있을까. 삶은 죽음의 또 다른 이름이라 했다. 우리는 그것을 잊고 살다가도 가끔이나마 이를 깨닫는 것인지도 모른다. 이는 나의 삶과 내가 사랑하는 모든 관계를 돌아보게 하며 그 안에서 진심으로 살아가도록 이끈다. 아름답기를 원하는 것이 사랑이라고 되뇌면서.

청색의 어둠은 단순한 색이 아니다. 그것은 말할 수 없는 감정의 농도이며, 그 깊은 어둠 속에서조차 사랑은 여전히 스스로를 드러내려 한다. 뭉크의 '창가의 키스' 속 남녀는 육체의 접촉 너머에 있는, 존재의 경계가 융합되는 순간을 보여준다. 그러나 그것은 곧 자기 소멸을 전제한 사랑이다. 두 사람이 하나가 되는 순간, 개별적인 '나'는 사라지고, 남는 것은 흐릿한 형체와 침묵뿐이다.

뭉크의 사랑은 환희보다 고통에 더 가까웠다. 그것은 정열적인 유혹이면서도, 그 끝을 이미 알고 있는 비극적인 예감이 함께 스며 있는 감정이다. 사랑은, 그에게 있어 삶의 가장 뜨거운 순간이자 동시에 죽음을 준비하는 의식이었다. 우리는 흔히 사랑을 빛으로 기억하지만, 그 빛이 생겨나기 전의 어둠을 기억하는 이도 있다. 뭉크는 그 어둠을 잊지 않았고, 오히려 끌어안았다.

그가 '절규'에서 보여준 감정은 단순한 불안이나 공포가 아니다. 그것은 인간이 인간으로서 살아가는 데 필연적으로 겪게 되는, 내면의 공허와 실존적 외침이다. 우리는 살아가며 수없이 사랑하지만, 동시에 수없이 상실한다. 사랑은 하나가 되려는 욕망이면서, 그 욕망에 내재된 상처받음의 가능성이다. 뭉크는 바로 그 경계에서, 예술로 사랑을 기록했다. 사랑이 무언가를 얻기 위한 감정이 아니라, 결국 자신을 내어주는 과정이라는 사실을.

　그의 고통은 그만의 것이었을지라도, 우리가 그 앞에서 느끼는 불안과 동질감은 인간 보편의 정서다. 어쩌면 뭉크의 그림 앞에서 우리는 각자의 '절규'를 떠올리는지도 모른다. 말해지지 못한 상처, 이뤄지지 못한 사랑, 떠나보낸 사람들. 그래서 뭉크의 그림은 슬프되 아름답고, 절망스러우나 경건하다.

　뭉크는 사랑을 통해 고통을 말했지만, 우리는 그 고통을 통해 오히려 사랑의 본질을 더 깊이 이해하게 된다. 진정한 사랑이란 기쁨이 아니라, 감내와 기억, 그리고 상실 이후에도 남는 울림인지도 모른다. 그렇게 우리는 다시 사랑을 시작하고, 다시 살아간다. 언젠가 죽음 앞에 설 때조차도, '사랑했다'는 기억이 우리를 살게 할 것이기에.

당신은 이 세계를 어떻게 보십니까?

'루치오 폰타나'의 그림 앞에서였다. 캔버스에 예리한 칼로 바람을 가르듯 상처를 낸 작품은 공간주의를 대표하는 회화 작품인 '탈리(tagli·이탈리아어로 '절단' 또는 '베어서 난 자국'을 의미)'다. 1950년대 후반부터 시작된 이 연작은 날카로운 면도날로 캔버스를 베어내 화면에 하나 또는 몇 개의 절취 상흔을 남기는 작업이었다.

빨강 노랑 하얀 캔버스에 날카롭게 베인 상흔. 그는 "회화를 파괴하기 위해서가 아니라 '공간적 고요, 우주적 장엄함, 무한의 평정에 대한 인상'을 창조하고자 화면을 베어냈다."라고 했다.

사람은 그림이든 풍경이든 음악이든 감상할 때 자신의 기억과 경험을 바탕으로 읽어내려고 한다. 이 작품을 보면서 캔버스가 칼끝에서 갈라지는 고통의 소리가 들리는 듯 온몸에 소름이 돋았다. 내게 '베임'은 그 순간 상처를 입히는 가해자와 상처를 입는 피해자를 연상하게 했다. 고요한 캔버스 가운데를 냉정하게 관통한 하나 혹은 여러 개의 벌어진 틈. 그건 마치 눈앞에서 상처 입은 가슴을 대하는 듯 아팠다.

기억은 잊히는 게 아니라 헝클어졌다가 다시 모이는 것이라 했듯이 그림 한 점이 그 헝클어졌던 그것들을 모아놓는다. 힘들고 아플 때 버려내기 위해서 그것을 사념의 창으로 불러다 놓고 사유의 그물을 던진다. 나를 증명하기 위해서, 나의 결백을 보여주기 위해서, 모든 부정을 감내하더라도 그 하나의 진실을 알고 싶어서.

어린 시절, 번개 치는 밤이면 창문에 번득이는 푸른 서슬이 무서웠다. 아무런 일도 일어나지 않는다는 건 그런 밤이 지나고 맑은 아침을 맞이하였을 때 알았다. 살아오면서 날씨의 변화처럼 갑자기 들이닥칠 수 있는 상황이 있었고, 어떤 일은 맑은 아침을 맞이하듯 지나가지만, 그러지 못하고 깊은 상흔으로 남은 일도 있다. 신뢰하던 이에게서 다시 보고 싶지 않을 만큼 깊은 상처를 받은 일도 있었다. 살아온 만큼의 나이테에는 이해와 용서라는 흔적으로 기록되기를 바라지만, 한번 벌어진 틈은 좀체 아물지 않는다.

상처를 주는 자는 자신이 입힌 상처를 알지 못할 테지만 상처받은 자는 한마디의 말마저도 마음속으로 안고 온다. 상처를 주고도 잊어버리는 사람은 고통을 뛰어넘어야 하는 상처받은 자의 그 슬픔을 알기나 할까.

작품 앞에서 던지는 "당신은 이 세계를 어떻게 보십니까?"라는 질문. 작가가 창조해 냈다는 '공간적 고요, 우주적 장엄함, 무한의 평정에 대한 인상'에 대하여, 나와는 거리가 먼 작가의 세계였다라고 할 밖에….

빛은 그늘도 만든다

　　　　　　　　　　　　오후 세 시의 뜨거운 열기로 가득한 인적 없는 갤러리 마당. 건물 그림자가 드리운 자리와 해가 비치는 자리가 어둠과 밝음으로 나뉘었다. 〈천재의 빛-광대의 그림자〉 전시를 보고 나온 나의 뇌리에 떠오르는 하나의 문장 '밝음과 어둠'과도 같이.

　20세기 마지막 구상화가. 세계 2차대전 후 프랑스 회화 역사상 가장 찬란한 천재로 칭송받고, 찬사와 비난을 한몸에 받은 화가. '예술가'가 아닌 '화가'임을 주장하며 그림을 그리기 위한 동기와 주제를 명확하게 제시했던 화가. 베르나르 뷔페 Bernard Buffet(1928-1999). 그가 태어나고 청년기를 거친 시대는 1차 세계대전이 끝나고 2차 세계대전 무렵이었다. 도시는 파괴되고 사람들은 굶주렸고 절망에 빠져 있었다. 불안하고 황폐한 공기가 감돌았다. 그의 작품에서 읽히는 불안 우울 공포 고통 슬픔 등의 감정은 그러한 환경에서 비롯된 거라는 걸 전시를 보고 나서 알게 되었다.

뷔페가 17세 되던 해 어머니가 갑작스레 세상을 떠나자, 그는 몇 년간 다락방에서 세상과 단절한 채 그림만 그리며 지냈다. 어머니는 아들의 재능을 알아본 유일한 사람이었다. "어머니가 세상을 떠나자 오직 살기 위해 그렸다."는 그에게 그림은 생명이나 다름없었다. 초기에 그려진 그림은 칠하다가 만 배경과 희미하게 칠해진 이미지들이 물감을 사기 힘들었던 상황을 말해준다. 정물화 속 접시와 컵은 텅텅 비어 있고 살점 하나 없이 말라비틀어진 닭은 뼈대만 앙상히 남은 여자의 손에 들려 있다. 전후의 피폐한 생활상이 드러나는 그림은 빈곤과 고통과 고립으로 가득 차 있다.

풍화되어 버린 박제처럼 말라버린 인체와 초점이 사라진 공허한 눈빛과 무표정한 얼굴. 검고 쭉쭉 뻗은 선. 섬세하고도 날카로운 선으로 긁듯이 그려진 그림은 뷔페의 작품임을 알아볼 수 있는 그만의 특징이다. 학창 시절 미술 교과서에서 뷔페의 그림을 처음 보았을 때 강한 인상으로 남은 것은 이 선이 주는 강렬함 때문이었다. 와인병과 빈 접시가 그려진 정물화와 그의 영원한 뮤즈 '아나벨'의 초상화 한 점을 기억한다. 그 이후로 뷔페의 전시를 접하지 못했는데, 기억 속 강렬함이 이 전시로 끌고 온 듯하다. 이 순간의 느낌은 그때와는 완벽히 다르다. 십 대에 가졌던 감정이 호기심이라면 인생 후반에 들어선 지금은 슬프고 아리다. 그리고 고통도 아름다움으로 승화시킬 수 있다는 것 또한 소중하게 각인될 것이다.

끊임없이 던지는 질문. '나'는 무엇이고 어떻게 존재하느냐는 실존적 질문에 천착하며 자화상과 인물화와 광대를 그린 뷔페. 전시실 화면 가득 얼굴에 그림 그리는 그가 나타난다.

"광대, 이것은 두려움이다. 그는 자기의 얼굴에 그림을 그린다. 우리도 마찬가지다. 추악함이 눈에 보이지는 않지만, 우리가 할 수 있는 일은 아무것도 없다. 아, 슬프구나."

평생을 우울증에 시달렸지만, 밖에서는 쾌활한 성격의 소유자로 비추어졌던 뷔페. 그의 말처럼 우리는 인생이란 무대 위에서 초라하고 볼품없는 자신을 감추려고 분장하여 춤추고 노래하는 광대인지도 모른다.

우울하고 고통스럽고 불안하고 슬프고 공허한 삶일지라도 살아갈 수 있게 하는 건 막다른 골목에서도 선택지는 존재한다고 믿기 때문일 것이다. 빛이 있기에 밝음과 어둠이 존재하지만, 빛은 늘 움직인다는 걸 우리는 알고 있기에.

인생은 어디로 가는가

볼수록 끌리는 그림이다.

부드럽게 흐르는 곡선미가 맑은 피부의 색채와 조화를 이루며 환상적인 느낌을 준다. 바람에 몸을 맡겨 흘러가듯이, 구름을 배경 삼아 유랑하듯이 방해될 것 하나 없는 나신(裸身)은 마치 허공에 뜬 새털처럼 가벼워 보인다. 욕망의 무게를 털어 버린 듯한 육체. 그 흐르는 선에서 현의 선율이 느껴진다. 온몸으로 첼로를 껴안고 부드럽게 때로는 거칠게 활을 긋는 여인의 순결한 언어가 숨어 있는 듯하다.

작품의 왼쪽, 벽돌을 켜켜이 쌓아 올린 듯한 짙은 와인색 부분이 눈길을 잡는다. 작품의 삼분의 일을 차지하는 이 비구상 부분은 무수한 세월의 더께를 연상케 하며, 이 그림을 다각적인 시선으로 바라보게 한다.

기당미술관 소장작품 기획전시에 나온 김흥수 화백의 '인생은 어디로 가는가'라는 작품이다. 그의 작품 세계는 음양조형주의(陰陽造型主義, Harmonism)라는 독특한 미술 사조를 통해 표현된다. 이는 조화와 균형을 추구하는 미학적 접근으로, 인간과 자연, 그리고 서로 다른 문화 간의 상호작용을 강조한다. 김흥수는 이러한 음양조형주의의 원리를 자신의 작품에 구현한다. 구상과 비구상 화면 전반에 분포된 독창적인 색상과 형태는 인간 존재의 찰나와 영원의 교차점을 시각적으로 나타낸다.

인생은 미로와 같다. 앞으로 살아갈 날이 얼마나 남아 있는지 알 수 없으나, 살아보니 그렇다는 말이다. 내 앞에 난 길이라 여기며 따라 걷지만, 내가 왜 이 길을 선택했는지 왜 이곳에 서 있는지 알 수 없을 때가 종종 있다. 때로는 한참 걷다가 이 길이 맞는지, 아니면 돌아가야 하는지 헷갈리기도 한다. 어쩌랴, 그런 의문을 가지면서도 계속해서 걸음을 내딛게 된다. 딱히 무어라 설명할 수 없는, 하고 많은 질문을 풀어가며 결국 '앞으로 갈 수밖에 없는 길'이기 때문이다.

어린 시절에는 인생이란 단어조차 몰랐다. 살다 보니 학교에 입학하고 졸업하고 직장에 취직하고, 결혼하고, 자녀를 키우고, 그리고 결국에는 늙어가는 과정이 그냥 흐르듯이 이어진 것이다. 그렇다고 구슬을 실에 꿰듯이 차근차근 차례로 이어온 건 아니다. 사람마다 그 길은 조금씩 다르고, 속도도 다르며, 목표한 지점도 다를 수밖에 없다. 모래알처럼 많은 사연이 저마다의 생을 이끌어가지만, 때로 바람이 부는 대로 흘러가기를 원하기도 한다.

어쩌면 인생은 자신이 미처 생각하지 못한 방향으로 이끌려가는 여행일지도 모른다. 예기치 않은 사고, 갑자기 들이닥친 불운, 예견하지 못하는 죽음으로 맞는 이별로 인해 한순간에 삶의 키가 방향을 잃고 흔들린다. 내 인생에도 그런 일들이 파노라마처럼 지나갔고, 미래의 어느 시점에 다시 맞닥뜨릴 수도 있을 것이다. 내가 선택한 길이 항상 맞는 길인지 알 수 없으므로 실패와 고난이 도사리고 있는 길을 갈 수도 있다.

늘 조화로운 삶을 추구하지만, 어긋나고 삐끗거리고 부딪치는 일상이 다반사다. 그를 인정하며 살아갈 수밖에 없다. 인생의 고비에서 마주하는 상실, 실패, 고통 또한 삶의 일부분으로 받아들이며 삶을 이어가는 게 아닐까.

'인생은 어디로 가는가'

다시 그림을 본다. 두 개의 이질적인 화면을 하나의 화폭으로 이끌어 내며, 한쪽이 다른 한쪽을 희생하는 게 아니라 돋보이게 한다. 어울리지 않을 듯한 구상과 비구상, 밝음과 어둠의 조합이 서로를 보완하며 조화를 이룬다. 아름답다. 두 번의 이혼 후에 제자와의 사랑으로 수많은 구설수에 난도질당하면서도 자신의 인생을 자유롭게 살다 간 작가의 철학을 엿보는 듯하다. 어차피 인생은 나에게서 답을 찾으며 불완전함을 인정하고, 인생의 빛과 그림자를 모두 껴안으며 가는 게 아니냐고….

이 찬란한 삶을 위하여

폰에서 프로필 배경을 바꿨다. 뜨거운 열기를 수박 한 조각으로 식히며 붉은 속살에 박힌 검은 씨앗을 가려내다 떠오른 그림이다. 수박 하면 '프리다 칼로'의 이 수박 그림이 자연스레 따라온다. 수박을 먹다 말고 폰 배경으로 올리고, 그림 속 수박에 적어놓은 글귀를 읽는다.

멕시코 화가이자 혁명가였던 프리다 칼로. 이 그림은 그녀가 죽기 전에 그린 마지막 작품이다. 선연한 붉은색과 초록의 대비가 열정 가득 차오르는 인생의 한 정점인 듯 강렬하다. 그녀의 삶을 톺아보면 붉은 속살에 콕콕 박힌 검은 씨는 상처의 흔적으로도, 새로운 생명을 품은 불멸의 존재로도 보인다.

그녀의 삶은 고통과 좌절의 연속이었다. 그녀에게 일어난 두 가지 사건은 그녀로 하여금 비극적이지만 예술가적인 삶을 살 수밖에 없도록 만들었다. 하나는 전차 충돌로 몸이 으스러지는 사고였고, 다른 하나는 그녀가 사랑했고 증오했던 그녀의 남편 '디에고 리베라'를 만난 것이다. 결혼과 이혼 그리고 재결합. 아이를 가지고 싶었으나 유산을 거듭하며 평생 자녀를 갖지 못했던 프리다. 그림만이 그녀를 위로하는 친구였다.

　18살이 되던 해에 교통사고로 심한 부상을 겪은 프리다 칼로는, 이 사고로 인해서 평생 서른 번이 넘는 수술을 받으며 고통 속에서 산다. 그녀의 어머니는 병상에 누워 지내는 딸을 위해, 침대 위 천장에 거울을 달아준다. 프리다는 거울 속에 비친 자기의 모습을 관찰하면서 자화상을 그리기 시작한다. 그녀의 작품에 주를 이루는 자화상은 그녀가 그림으로 쓴 자서전이라 할 수 있다. "나는 너무나 자주 혼자이기 때문에, 또 내가 제일 잘 아는 주제가 나이기 때문에 나 자신을 그린다."라고 한 그녀에게 자화상은 자신의 고통을 풀어내는 출구이기도 했다.

　2016년, 한가람미술관〈프리다 칼로 & 디에고 리베라〉전시에서였다. "나는 병이 난 것이 아니라 부서졌다. 그러나 그림을 그리는 동안만은 행복했다."라는 프리다 칼로. 그녀의 모습을 그린, 전신이 찢어지고 부서지고 피 흐르는 작품을 접했을 때 온몸에 소름이 돋았다. 그녀가 겪었을 고통이 무섭고 끔찍해서 나도 모르게 눈을 감아버렸다. 잠시 시간이 흐르고 난 후에야 한 작품 한 작품 찬찬히 보며 그녀의 인생을 진지하게 들여다볼 수 있었다. 그즈음 나의 삶도 병마에 시달리는 남편으로 해서 고통받고 있을 때였다. 다만 나의 고통은 남편이 낫기를 바라는 마음의 고통이었고, 병을 앓는 남편의 고통을 내가 덜어 낼 수 있는 게 아니어서 아팠다. 그림을 보며 알았다. 고통을 받아 본 사람은, 현재 고통 속에 있는 사람은 누군가가 겪은 고통의 추체험을 통해 위로받는다는 것을. 때론 운명에 순응할 수밖에 없는 인간의 나약함도.

화폭 가득 담긴 붉은 수박이 이 여름 뜨거운 한낮을 몽땅 차지한다. 수박은 멕시코에서 '죽은 자들의 날'에 조상의 영혼을 기리기 위해 바치는 제물이다. 생명과 풍요로움의 상징으로, 세상을 떠난 이들의 삶을 기쁨으로 기억하며 무덤과 집안의 제단에서 망자와 나눠 먹는 추모의 음식으로 중요한 의미를 지닌다.

자신의 생명이 끝나가고 있음을 감지한 프리다가 통증을 달래가며 그린 이 수박 그림은 그녀의 유언과도 같다. 수박에 새겨넣은 'Viva La Vida'는 고통을 감내하며 이겨낸 그녀의 삶에 대한 감사이자 남아있는 이들에게 보내는 삶의 찬사가 아닌가.

"Viva La Vida! 인생이여, 만세!"

장미 아홉 송이

　　　　　　　　　　　　피천득 선생은 수필 '장미'에서 아침에 일어나면 보려고 장미 일곱 송이를 샀지만, 길에서 만난 지인들의 딱한 사정을 듣고 다 나누어 준다. 그리고는 "그 꽃 일곱 송이는 다 내가 주고 싶어서 주었지만, 장미 한 송이라도 가져서는 안 되는 것 같아 서운하다."라고 썼다. 장미 일곱 송이를 사서 즐거워하며 걸어왔을 노신사와 주저없이 건네주고 받는 정다운 손길이 눈앞에 보이는 듯 흐뭇하다.

　핑크 장미 아홉 송이를 받은 날, 이 글이 문득 생각났다. 꽃을 들고 온 내 친구가 이런 인연을 만났다면 이 장미 아홉 송이는 내게까지 오지 못했을 거 아니었나 하는. 혼자서 차지하는 아홉 송이의 장미라니. 행복했다. 유리병을 꺼내 한 송이 한 송이 꽂으며, 꽃잎들이 포개져 있다가 살짝 벌어지는 그 순수한 순간을 오래 두고 볼 수 있기를 바랐다.

 뒷날 아침, 물갈이를 하는데 그새 장미 한 송이가 시들하다. 고작 하룻밤 지났는데 이런 상태라니. 꽃집에서 냉장 보관이 길었었나 하는 의심이 들면서도 장미를 받고 싶은 욕심은 있고 싱싱함을 유지할 줄 몰랐던 내 탓만 같다. 더 시들기 전에 화병에서 오래 가는 법을 검색한다. 물에 락스 한 방울이나 설탕 한 스푼을 넣어주는 게 비법이라나. 주저 없이 락스 한 방울을 떨어트리고 물을 받고 다시 꽂았다. 소용없었다. 하루 지나면 한 송이, 다음 날 다시 한 송이가 시들면서 일주일도 되기 전에 장미 아홉 송이는 다 시들어 버렸다. 열흘 붉을 꽃이 없다 하나 너무하다 싶었다. 장미를 준 친구의 마음을 허투루 건사한 것 같아 속상했고, 아홉 송이 장미가 내 몫이 아니었나 해서 서운했다. 이 서운한 감정은 피천득 선생이 느꼈던 서운함과는 다르다. 선생은 꽃을 샀지만 다 나누어주고 난 후에 빈손이 되어버린, 가져서는 안 되는 무욕(無慾)을 이름이지만, 나는 욕심껏 가진 후에 너무 빨리 잃어버린 것에 대한 안타까움이다.

 시들지 않는 꽃이 어디 있으랴. 하나 그런 꽃이 있다, 그의 손에서 태어난 후 몇십 년이 흘러도 첫 모습을 그대로 간직한 꽃이. 내 방 벽에 걸린 작은 액자에 담긴 붉은 장미 한 송이도 그 꽃 중 하나다. 굵직한 검은 선이 장미의 붉은 꽃잎을 더욱 도드라져 보이게 하고 생명력을 강하게 보여준다. 내가 좋아하는 그림이다. 어쩌면 이 장미를 그린 화가 '황염수'도 매혹적인 색과 향기를 품은 장미를 영원히 간직하고 싶었던 것일까.

장미가 들려주는, 그 무언가를 가슴에 담는다. 흔히 말하는 사랑, 열정, 때로는 슬픔까지. 한 송이 꽃에 장미는 그 모든 감정을 담아내고 있다. 작은 꽃 한 송이를 피우려고 온 대지의 에너지가 작용한다고 하지 않는가. 장미는 그 자체로 하나의 세계다. 그 세계를 탐닉하며 그려내는 화가의 장미는 그의 혼으로 빛난다.

"나는 장미를 그대로는 그리지 않는다. 그대로 그리려 하면 자꾸 다른 꽃들이 튀어나온다. 내 그림의 목적은 장미라는 구체적인 대상이 아니라 장미가 내 마음속에 던지는 어떤 '부딪힘'이다. 미술이 해야 할 역할은 현실의 장미보다도 더 높은 차원에 있는 그 무엇을 그려내는 일일 것이다."

화가는 장미를 그릴 때 최상의 꽃을 선택했다. 좋은 장미를 마주해야 좋은 감정이 생기고, 그래야 좋은 그림을 그릴 수 있다는 것이 그의 지론이었다. 남대문 꽃시장에서 꽃대가 굵고 색상이 선명한 장미를 골라와, 그 앞에서 그림을 그렸다. 평생 장미를 그리며 아름다움에 천착한 화가. 그도 시들어 버린 장미에선 깊은 연민을 느꼈을까.

시들어 버린 장미는 시간의 흐름을 상기시키고 나 또한 그 흐름 한복판에 서 있다. 날마다 그날이 그날인 듯 무심히 살자 하지만, 장미 송이들이 지상에서 일을 마쳐 떠나듯 나도 그러리라는 생각에 잠긴다. 아홉 송이 장미를 한 송이 한 송이 보내놓고, 바라보는 '황염수'의 붉은 장미. 너는 내일도 모레도, 이후로도 오랫동안 그렇게 피어 있겠구나. 보아주는 이가 있어도 없어도 아랑곳하지 않고….

요람

저녁 식사 후에 친구와 들른 카페에 아이의 웃음소리가 날아다닌다. 월요일이라 그런지 손님도 없는 공간에 웃음소리는 높다란 천장을 치며 귓전을 울린다. 흐르는 재즈 리듬 속으로 투명하게 구르는 웃음의 알갱이가 굴러다닌다. 다다를 수 없는 순수한 본능에 귀가 맑아진다.

친구는 아이와 눈을 맞추며 추임새를 넣어준다. 흐뭇해하는 표정이 보기 좋다. 서른쯤 되어 보이는 부부와 쌍둥이로 보이는 연년생 두 아이. 아이의 엄마는 아이를 보며 웃고 있지만 조금 피곤해 보인다. 연신 엄마를 부르는 아이와 답하는 엄마의 모습은 미소를 짓게 하지만, '저 엄마는 행복할까.'라는 생각이 내 기억의 고리를 끄집어낸다.

스물일곱 살 엄마가 아기구덕을 흔들고 있다. '자랑 자랑 웡

이 자랑'. 할머니가 읊었고 어머니가 이어받아 나를 재우던 자장가다. 아기용품은 물려받는 게 좋다며 어머니가 얻어 온 푸른 칠이 군데군데 벗겨진 아기구덕에서 곤히 잠든 아기. 예쁜 요람에서 키우고 싶었던 엄마의 마음은 아랑곳없다. 굳이 예쁘지 않아도 요람은 아기에게 편하면 그만이지만, 인상파 화집에서 보았던 '베르트 모리조'의 '요람'이 자꾸만 떠오른 것은 어쩔 수 없는 욕심이었다.

아름다운 작품은 보는 이에게 설렘을 안겨 준다. 화사한 모슬린 커튼이 드리워진 요람에서 아기는 곤히 자고 있고 엄마는 그윽한 눈길로 잠든 아기를 바라보고 있다. 어딘지 모르게 쓸쓸해 보이는 엄마의 표정이 의아스러웠지만, 은은한 빛으로 배어나는 고요함에 매료되었다.

19세기 중반 프랑스 인상주의 화가 '베르트 모리조'가 그린 '요람'. 기억의 고리를 끌며 다시 보는 '요람'은 예전에 느끼지 못했던 엄마와 결혼 후 변할 수밖에 없는 여자 사이에서 일어나는 갈등이 보였다. 그림 속 젊은 엄마는 화가의 언니이다. 그녀는 살롱전에서 다섯 번 이상 출품 승인을 받았을 만큼 뛰어난 재능을 가진 화가였지만 결혼하면서 그녀의 예술활동은 중단되었다. 처음 이 그림을 보았을 때 의아했던 그 쓸쓸한 표정은 결혼하면서 화가의 길을 포기해야만 했던 언니를 향한 안타까움의 표현이었다.

이 찬란한 삶을 위하여

자기의 일을 하면서 아기를 키워본 엄마들은 동의하지 않을까. 엄마가 되는 순간 어쩔 수 없이 포기해야만 하는 일과 요람의 겉모양은 그냥 겉모양일 뿐이라는 걸. 요람을 흔들며 내 아이를 지키려는 욕망은 자라나고, 더불어 세상을 바라보는 시야도 넓고 깊어지면서 엄마는 일과 요람 사이에서 갈등한다.

그러나, 내가 그런 갈등을 다스리며 아이들을 키웠듯이 내 아이들도 무릇 그리 살아가고 있다. 팍팍한 일상에서 힘들고 지쳐도 아이의 초롱초롱한 눈과 맑은 웃음소리를 대신할 묘약을 찾지 못하는 까닭에….

어쩌면 아름다운 날들

〈어쩌면 아름다운 날들〉이란 전시 제목을 접했을 때 처음 떠오른 단어는 '기억'과 '과거'였다. 과거의 시간 속에 아름다운 기억으로 남아 있는 것들과 '어쩌면'이란 부사가 수식하고 있는 아름다운 날들은 누구의 날들인가? 라는 질문이 발길을 이끌었다. 어쩌면 전시된 작품들에서 서로 인연을 맺어 살아가고, 살았던 이들의 모습과 미래에 올 나의 모습을 투영해 볼 수도 있을 것 같았다.

햇살에 반짝이는 할머니를 담은 사진들이 전시실을 환히 밝히고 있다. 하얀 꽃이 활짝 핀 배경 속에 꽃잎보다 더 보드라울 듯한 하얀 머리카락이 휘날린다. 얼굴은 보이지 않으나 노년의 여성이다. 맞은편에는 비닐 우의를 입고 물을 뿌리며 강아지와 놀고 있는 모습이 있다. 두루뭉술한 노인의 벌거벗은 몸은 빛에 반사되어 마치 개구쟁이 아이처럼 순수하다. 부끄러운 듯 가슴을 움켜쥔 채 눈을 꼭 감고 서 있는 할머니. 목에 건 진주목걸이가 영롱해서 검버섯이 피고 주름진 피부를 더 도드라져 보이게 한다. 긴 설명이 없어도 그 자체로 할머니의 삶은 빛나 보인다. 쏟아지는 햇빛을 후광처럼 받은 얼굴이 순수하고 편해 보여서 미소가 번진다.

작가는 조류학자였던 어머니가 혈관성 치매를 진단받은 이후 모친과 함께 할 수 있는 일을 찾다가 사진을 찍기 시작했다. 한순간에 딴사람으로 만들어버린 어머니의 치매는 엄청난 상실감과 고통으로 다가왔을 것이요, 어머니를 보살피며 많은 고민과 시행착오와 절망감으로 괴로워했으리라. 그럼에도 변함없이 흐르는 일상에서 무언가 의미 있는 날들을 남기고 싶었을 것이다. 어머니의 모습을 사진으로 담으며 평소에 보지 못하던 어린아이 같은 순수하고 행복한 어머니를 만날 수 있었다는 작가의 글이 따스하게 읽힌다. 순간의 기록인 사진 속 그 어머니가 나를 오래 붙잡는다.

우리는 빠르게 변하는 사회에서 많은 것을 얻고 누리지만, 반면에 더 많은 기억을 잊어버리며 살아간다. 무엇인가 기억 날 듯 기억나지 않아 책을 펼쳐보면 문장에 밑줄이 그어진 걸 종종 본다. 기억하기 위해 밑줄까지 그었으련만 지나간 시간만큼 지워놓았다. 기억하려 할수록 커지는 공허감은 나이 탓으로 돌려버리고, 시간을 잊은 듯 생생하게 기억나는 것들로 위안을 얻는다.

노년에 접어들면서 살아온 이야기를 옛날이야기처럼 하시던 나의 어머니. 태어나는 순간부터 성장할 때까지 개성도 가지각색인 우리 일곱 남매의 이야기를 명주실에 구슬 꿰듯이 조근조근 들려주었다. 어머니 돌아가신 후에 어머니가 그리울 때마다 생각나는 에피소드들이 우후죽순처럼 떠올랐다. 그거였다. 어머니는 우리 가족의 아름다운 날들을 우리들의 기억 속에 심어주신 거였다. 어쩌면 우리도 아이들에게 어린 시절의 이야기를 들려주며 후일에 소환될 아름다운 날들의 한 장이기를 소망해 본다.

누구나 마주하게 될 노후의 삶이다. 피할 수 없는 노후에 누군가는 맞게 될 인지 저하증을 처참한 질병이 아닌 생의 자연스러운 과정이라고 받아들여야 한다는 전시에 공감한다. 미래에 어떤 상황이 나를 기다리고 있을지 모른다. 모르기에 이 순간이 더욱 소중하다. '어쩌면 아름다운 날들'의 연속이라고 스스로 위로하고 공감하면서….

먼지로 사라질 운명에 대하여

　　　　　　　　　　오고 싶었던 간절함만큼이나 설렘도 컸다. 티 없이 맑은 하늘과 정갈하게 물들어가는 가을날의 호암미술관. 한국의 고유한 미와 정서를 간직한 이곳에서 초현실주의 화가 '니콜라스 파티'의 전시 〈더스트〉가 열리고 있다. 각 계절의 특성을 독창적인 방식과 강렬한 색감과 유기적인 형태로 표현한 '사계'를 보고 싶기도 했지만, '더스트'라는 제목이 던지는 메시지에는 미처 예상하지 못한 어떤 의미가 있을 듯싶었다.

　작가는 파스텔화를 '먼지로 이루어진 가면(mask of dust), 혹은 화장과 같은 환영'에 빗대어 말한다. '더스트'라는 제목은 거기에서 비롯된 것이다. 니콜라스 파티는 이번 전시를 위해 6주 동안 현장에서 벽화를 제작했다. 벽화는 예술의 역사상 가장 오랜 형식 중의 하나다. 작가는 쉽사리 공기 중으로 흩어지고 지워지기 쉽지만, 선명하고 강렬한 존재감을 드러내는 파스텔 벽화 그림을 통해 무엇을 보여주려 했음일까.

파스텔로 그려진 벽화는 폭포, 동굴, 나무 기둥, 산, 구름이란 제목으로 다섯 점이다. 각 벽화 앞에는 작가의 작품을 콜라주하듯 겹쳐 걸거나, 리움이 소장하고 있는 고미술품과 병치했다. 전시장 안으로 들어가면 첫눈에 '폭포'가 들어온다. 붉은색과 하얀색의 대비가 강렬하다. 손가락으로 누르면 물컹하고 들어갈 것 같은 붉고 주름진 둥글둥글한 바위 사이로 쏟아져 내리는 하얀 물줄기가 현실감이 없이 왠지 낯설다. 그 낯섦이 이끄는 데로 발길을 옮긴다.

장생과 불멸의 염원을 담아내는 '십장생도 10곡병', 김홍도의 '군선도'에서 여러 상징을 추출하여 상상의 팔선(八仙)을 형상화한 여덟 점의 초상화를 보고, 화려한 색채와 작가 특유의 느낌을 주는 그림을 한 점 한 점 지난다. 박제된 듯 몽환적인 작품을 지나, 어둡고 폭발적으로 솟구치는 '구름' 벽화와 '부엉이가 있는 초상' 앞에 섰다. 보랏빛의 여인과 예지와 죽음을 상징하는 부엉이들이 한몸을 이루어 섬뜩한 분위기를 자아내며 나를 응시한다.

부엉이는 어둠 속에서 사는 야행성이다. 밤눈이 밝아 작은 물체의 움직임을 감지할 수 있음에도 불구하고 부엉이는 경계를 늦추지 않는다. 눈이 보이지 않으면 바깥세상을 감지할 수 있는 다른 감각이 발달하는 법이다. 부엉이가 예민한 청각을 발달시킨 것도 이 경계심의 산물이다. 부엉이는 밤눈이 밝음에도 불구하고 자신이 어둠 너머를 완전히 꿰뚫어 보지 못함을 인식한 것이다. 자신을 보호하기 위해 눈을 뜨고 귀를 열지만, 자신이 미처 감지하지 못하는 어떤 위험이 있다는 사실을 잘 알고 있다.

핵폭발을 연상시키며 피어오르는 음울한 구름 덩어리와 그 앞에 눈을 부릅뜨고 서 있는 부엉이들. 그들이 전하는 메시지는 무엇인가. 그 순간에 욕망, 분노, 전쟁, 아우성, 아이들, 폐허, 파괴자, 종말, 박제된 인간과 자연, 먼지, 사라짐… 끊임없이 떠오르는 단어들이 나를 흔든다. 제각각 흩어졌다가 다시 모아드는 말의 조각들이 경고음으로 다시 울리는 듯하다. 소름이 돋는다. 공포는 무엇이 일어날지 모른다는 걸 인지하기에 생겨나는 것이 아닌가.

'보랏빛 여신과 부엉이'의 눈을 보며 그 앞에 오래 서 있었다. 태어나고 성장하고 늙어가는 살아 있는 것들과 그것들의 안식처와 그것을 아우르는 주변의 모든 것이 결국에는 먼지로 사라져 갈 것이라는. 그 진실 앞에 나는 서 있는 것이다. 스티븐 호킹은 "나는 인간이 죽으면 먼지로 돌아간다고 생각한다. 그러나 우리의 삶 안에, 우리의 영향력 안에, 우리가 아이들에게 물려주는 유전자 안에는 지각이 있다."라고 말했다. 전시가 끝나면 먼지처럼 사라져버릴 벽화작품을 통하여 작가가 말하고자 하는 의미를 나름 읽는다.

　가을빛으로 물드는 바깥은 아름답고 적요하다. 서늘한 바람결에 붉게 물든 나뭇잎 툭툭 떨어지는 이 순간도 사라질지언정 그 풍경에 젖는 나에겐 소중한 시간이다. 그 시간을 붙잡기라도 하듯이 물들어 떨어진 나뭇잎을 줍는다. 그 잎들을 책갈피에 꽂으며, 세월이 흐른 어느 날 무심코 책을 펼치다 이 가을날을 다시 만나기를 기대하며.

11월에 다시 생각해 보는 그림 한 점

가을에서 겨울로 넘어가는 길목에서 잠시 쉬어가는 간이역 같은 달. 가을이라고 하기엔 너무 늦었고 겨울이라고 부르기엔 아직 가을의 볕과 바람이 남아있는 11월. 그 끝 그림자는 해의 마지막 달 12월이 오기 전, 너와 내가 서로 마주 보며 풀어야 할 일들이 남아 있음을 상징한다. 허허실실로 게으르게 살아왔더라도 부지런한 농부가 되어 갈무리해야 하고, 무엇보다 세밑이 곧 닥치리라는 가슴 시려오는 예감에 나에게는 따뜻한 만남을 기다려야 하는 달이다. 바쁜 척하며 외면했던 것들을 찾아 들여다보아야 하는, 그 시간의 마디를 넘고 있다.

길바닥에 나뒹구는 낙엽을 밟으며 걷다가 문득 허공을 바라보면, 앙상한 나뭇가지 사이로 투명한 하늘이 섧게 눈에 박힌다. 투명한 하늘 그 속에 보이는 것은…. 11월을 '보이는 그것이 전부가 아닌 달'이라고 인디언이 말하는 그 의미를 생각하다 문득 기억 속 인상 깊었던 그림 한 점을 꺼낸다. '르네 마그리트'의 '연인들'이다.

붉은 기둥이 보이는 짙푸른 공간. 베일을 덮어쓴 채 키스를 나누는 연인. 이 그림을 보면서 '나눈다'라는 표현이 맞을까 하고 생각했지만, 오로지 콧대와 턱선의 날카로움만으로 키스의 프로필을 만들어 냈으니 지나치게 빗나간 말은 아닐 것이다. 베일 속 인물은 누구일까. 누구인지 모르는 익명성에 그림 속 주인공이 내가 당신이 우리가 될 수도 있다는 상상은 어지간히 허용된다.

사랑의 감정을 육체적으로 표현하는 대표적인 행위가 키스이다. 회화에서 조각까지 키스를 아름답고 관능적으로 표현하는 데 수많은 예술가가 온 힘을 기울였다. 성스러우면서도 황홀하고 매혹적이면서도 아름다운 '클림트'의 '키스'에서 에곤 실레가 스승인 클림트의 키스를 모방해서 그린, 그러나 이미지와 느낌은 스승의 그림과는 완전히 상반되는 어둡고 슬픈 키스까지.

"우리가 바라보는 모든 그것은 다른 것을 감추고 있다. 우리는 언제나 우리가 바라보는 것 뒤에 감춰진 것을 보고 싶어한다."라고 '르네 마그리트'는 말했다. 우리는 아주 많은 것을 알고 있지만, 더 알고 싶어서 안달하며 살고 있다. 이면의 어떤 것들에 대해 속속들이 파헤쳐 알고 싶어 하는 심리는 동경과 갈망의 강 사이에 놓인 다리다. 궁금증은 그 강을 건너려는 데서부터 출발한다.

르네 마그리트의 '연인들'을 보자. 키스하고 있지만 두 연인은 얼굴을 가린 베일로 인해 서로 가까이 갈수록 단절감을 느낄 뿐이란 걸 강조해 보여주고 있다. 왜 이렇게 해야만 하는 것인가. 인간은 오만 가지 감정을 지닌 채 살아가지만, 그 감정을 극히 일부만 드러내고 산다. 감추어진 감정들은 얼마나 많은 부딪힘과 꼬임으로 불꽃이 튀고 있겠는가.

그림 속 연인들의 베일은 모든 감정이 응축된 어떤 현상을 보여주는 메시지이기도 하다. 친밀한 관계 속에서 실망하고 단념해 버린 무수한 관계들에 대해, 소통의 오류나 단절을 느낄 때 우리 거의 모두는 나를 감추지 않을까. 인간의 모든 관계는 상대적이기에 내가 나를 보여주지 않으면 상대도 당연히 숨길 수밖에 없다는 작가의 속삭임이 들리는 듯하다.

사랑은 나와 다른 점을 발견하거나 나와 너무나도 닮은 데서 오는 안도감에서 시작되는 것이다. 사랑한다는 것은 아무런 조건도 달지 않는 것이며, '사랑이 있기에 모든 절망적인 것들에서 살아남을 수 있는 것'이라는 이 진부한 문장을 '연인들'을 보다가 생각해 내고 음미해 본다.

긴 여름 끝에 노루 꼬리만큼 짧은 가을이 잠시 머물더니 엊그제 산에는 첫눈이 내렸다. 자연이 보내온 하얀 문장으로 11월을 맞는다.

제3부

귤림추색(橘林秋色)

당신이 있는 거기에도 가을이 익어가나요?

모처럼 숲길을 걷습니다. 높이 솟은 나뭇가지 사이로 쏟아지는 햇살은 따갑고, 내 몸의 모든 세포가 문을 여는 순간입니다. 눈길이 닿는 곳마다 기운차게 자라나는 고사리와 이름 모를 풀꽃이 한들한들 눈길을 끕니다. 여름내 푸르던 수국은 갈색으로 물들었고, 누리장나무는 붉은 받침 위에 푸른빛으로 숙성해가는 열매를 달고 하늘바라기에 취해 있습니다. 꽃이 피는 시기에는 냄새가 역겨워 취오동이란 별칭이 붙었지만, 꽃봉오리는 별을 닮아 건빵 봉지 속에서 찾아 먹던 별사탕이 생각나네요.

학창 시절 우리의 모습이 떠오릅니다. 시험공부한다며 밤을 새우며 속닥이던 날, 허기를 달래주던 건 한 봉지의 건빵이었지요. 그 속에 함께 들어 있던 색색의 별사탕, 입안에서 살그머니 녹던 그 맛을 기억하시나요. 이제는 맛조차 향기로 저장된 추억이 되었습니다.

솔향이 흐릅니다. 나무가 내뿜는 향기는 나무 스스로 자신을 지키기 위해 발산하는 거라 하는데, 그게 사람을 정화시킨다지요. 자연이 주는 무한한 손길에 온몸이 살아납니다. 내 마음속 깊이 자리 잡은 해묵은 상처마저 쓰다듬어 주듯 마음마저 편안해집니다.

꺾이고 쓰러진 나뭇가지 위에도 어디선가 날아온 씨앗이 움터서 자라고 있습니다. 부러진 나무도 스스로 몸을 내주어 새 생명을 키우는 의연한 공생의 관계 앞에서 숙연해집니다.

문득 가을이 깊어진 그 숲을 걷던 우리가 저만치 보입니다. 갈색으로 바스락거리는 마른 소리를 들으며 터벅터벅 걸었지요. 그 시절 무엇인지 모를 습기가 우리를 감싸 흐르고 있었지요. 그 길고도 깊은 숲길을 걸으며 고작 '아~' 하고 소리를 지르며 저마다 무언가를 토해낸 것 같아요. 그런 모습을 보며 당신은 그냥 미소를 지었지요. 그럴 수밖에 없는 감성을 지닌 당신의 눈빛은 당신을 아는 모든 이에게 위안이 되었다는 걸 아시는지요. 위안을 받는다는 건 너무 조용하고 따스한 감정이어서 모르는 사이에 순식간에 마음을 따뜻하게 색칠하지요.

오늘, 그런 당신과 함께 보고 싶은 그림이 있습니다. 내가 좋아하는 '청전 이상범'의 '모추(暮秋)'랍니다. 수묵채색으로 담아낸 가을 풍경. 한국화에 대해서 문외한이지만 이 그림 앞에 서면 가을향 품은 바람 소리가 가슴을 스윽 문지르며 안개 피어오르듯 추정(秋情)에 겨워합니다.

그림의 배경은 강원도 어느 산골인 듯합니다. 가난한 너와집 서너 채가 그걸 말해줍니다. 낮은 산등성이와 흐르는 개울에서 물을 길어 오르막 산길을 오르는 촌부의 모습이 아련한 산골 정취를 풍깁니다. 이런 곳에서 살아보지도 않았고, 실제로 만나본 적도 없으나 푸근하게 안아주는 이 느낌은 아마도 그리움이 아닌가 싶습니다. 여운으로 번지는 가을 햇살은 이 모두를 환하게 껴안는 듯합니다.

"화가는 작품 설명을 필요로 하지 않는, 작가만의 상상을 표현한다. 작품에서 대화할 수 있는 작품, 즉 관람객으로 하여금 시나 산문처럼 대화할 수 있는 작품이어야 하고, 그 뿌리는 항상 한국적이어야 한다."라고 했던 청전 이상범의 예술정신이 슬그머니 손을 내밉니다.

늦기 전에 당신과 함께 그 손을 잡고 소박한 가을 서정 속으로 빠져들고 싶습니다.

풍경 앤 풍경

　　　　　　　　　　5월, 녹음이 짙어가고 골목길 담벼락 위로 장미 송이송이 붉게 타오른다. 이틀, 사흘 갈마들며 내리는 비도 뭐 어쩔 수 없는 자연현상이라 여기면 이내 나오려던 불평도 자취를 감춘다. 설레게 하는 계절의 여왕답게 작품 전시도 곳곳에서 열린다. 마음만 동하면 한 시간 내로 가서 볼 수 있는 것 또한, 제주섬의 혜택이자 매력이지 싶다.

　아이들에게 '카네이션 바구니'는 사양한다고 전하고, 미술관 나들이에 동행을 청했다. 물론 혼자서도 잘 다니지만, '어버이날'이라는 명칭이 붙은 날이니 좋아하는 걸 함께 하고 싶었다. 조그만 추억일지라도 소소한 의미로 남아 있기를 바라는 마음에서다.

　이중섭 미술관에서 열리는 제주 풍경을 담은 〈풍경 앤 풍경). 제주에서 태어난 작가 두 명의 작품은 제주 풍경 속에 개인의 사유를 풀어냈다.

서귀포 고순철 작가는 하얀 파도가 이는 거친 바다와 검은 바위 위에 터를 잡은 갯메꽃, 순비기꽃, 암대극, 땅찔레꽃 등 갯가식물을 그렸다. 밤낮없이 들이치는 소금기 품은 바닷바람과 물보라를 맞으며 강인한 생명력으로 자라나는 그것들은 해녀였던 어머니를 상징한다.

제주에서 태어나 현재 서울에서 작업하고 있는 김현수 작가. 그녀는 제주에서 살았던 유년 시절 기억의 단편을 조각조각 색종이 오려 붙이듯 나름의 표현 방식으로 재창조해낸 풍경을 보여준다.

두 작가의 작품은 제주라는 공통의 배경을 주제로 각자의 사유를 녹여냈다는 점과 서양화와 한국화의 특징을 비교하며 감상할 수 있는 점이 좋다.

'닮은 듯 다른 작품'을 만나며 딸은 궁금한 게 많다. 엄마는 그림을 좋아하고 자주 접하니까 작가가 무슨 의미로 작품을 했는지 다 아느냐고 묻는다.

"작가의 사유가 오롯이 감상자로 전해질 수는 없어. 작가가 무슨 의미로 이 그림을 그렸는지 안다면 감상하는 데 도움이 되긴 하겠지만, 네가 보이는 대로 느끼면서 자신의 삶을 관조해 보고 돌아보는 거야. 거칠고 억센 환경에서도 생명을 이어가는 식물들에서 제주의 자연을 느낄 수도 있고, 현재를 살아가는 네 모습을 볼 수도 있고, 우리보다 윗세대의 삶을 엿볼 수도 있지 않겠니. 자기만의 눈으로 보아야 어렵게만 여겨지는 미술관 나들이가 재미있어진다고 생각한다."

　다른 듯 닮은 모녀의 대화는 따뜻하게 채색되어 가는 또 다른 풍경이 된다. 무슨 생각에 빠졌는지 표정이 깊은 딸 옆에 서서, 휘몰아치는 바닷바람 맞으며 억척스레 살아가는 식물을 보며 그와 닮은 꼴의 삶을 살다 가신 나의 어머니를 떠올린다. 그 또한 내 가슴에 각인된 풍경이기에. 풍경은 또 다른 풍경을 잉태한다.

선물이라 쓰고 그리움이라 읽는다

프롤로그

동절기 기당미술관 소장전은 〈나에게 주는 그림 선물〉이다. 선물이라는 따뜻한 의미에 걸맞게 선정된 작품들은 좋은 운과 부귀영화의 의미가 들어있는 작품들과 기억 속에 저장된 어느 한 공간이나 물건, 사람을 주제로 한 작품, 그리고 작가의 생각이 자유롭게 표현된 반추상 작품들로 구성되었다. 색채가 따뜻하고 선이 부드러우며 감성적인 작품들이다.

선물 하나

전시된 작품을 둘러보다 산에도 들에도 기와지붕에도 하얀 눈이 소복이 쌓인 그림 앞에 끌리듯이 섰다. 무척 낯익은 풍경 위로 예전에 주고받던 크리스마스카드가 펼쳐진다. 빛, 순수, 성스러움, 명료함, 풍요로움 등을 상징하는 색이 흰색이어서 카드 그림 대부분이 백설을 소재로 하여 아늑한 겨울 풍경을 연상하도록 했다.

문방구에 진열된 수십 종류의 카드에서 받을 이의 나이를 고려하며 고르던 그 시절이 다시 그리움으로 포근하다. 어른께는 먹글씨가 격을 지켜주는 연하장으로, 선배나 후배, 친구에게는 붉은 리본과 은색 종이 달린 예쁜 카드를 골라서 몇 줄 마음을 적어 보냈다. 그게 내가 당시에 드릴 수 있던 최선의 선물이었고 나 또한 그렇게 정성으로 보내온 카드를 받았다. 12월 이맘때 싸락싸락 눈 내리는 소리에 귀 기울이며 밤새워 글귀를 다듬고 사각봉투에 담던 그 순간들이 아름답고도 애틋한 그리움으로 내게 걸어온다. 돌아갈 수 없는 그 수많은 '어제'는 보냈던 카드처럼 저기 먼 어디쯤 머물러 이렇게 내 추억의 창을 비춘다.

이제는 주고받던 연하장도 카드도 없다. 대신 '카톡'이 나이를 따지지 않고 이모티콘과 함께 날아드는 송년 인사에 웃음기가 가득하다. 그래도 잊지 않고 보내오는 지인들이 있다는 게 흐뭇하고 기쁘다. 그러면 되는 것이리.

선물 둘
다가오는 크리스마스에 손주들에게 줄 선물이 어떤 게 있을까 검색하다가 고개를 갸우뚱했다. 아이들이 제일 받기 싫은 선물이 책과 학용품이었다. 연필 한 자루가 귀해서 이것을 선물로 받는 게 무척 고마웠던 내 어린 시절은 이제는 케케묵은 이야기다. 책은 숙제 같아서 부담되고 학용품은 학생에겐 생필품이어서 선물이 될 수 없다는 아이들의 생각이 그럴듯했다. 크리스마스에 받고 싶지 않은 선물만 주지 않아도 반은 성공한 것이다, 라는 아이들의 의견에 동조하면서도 고민이 커졌다. "무얼 골라야 하나?"

내가 손주가 되어서 생각해 본다면…. 내가 받고 싶은 선물은 꼭 필요하지 않아도 문득 가지고 싶은 그 어떤 것이다. 그런 의미에서 나에게 장신구나 꽃은 특별하다. 반짝이는 장신구는 초라함을 감추고 싶은 욕망의 눈부심이라면 꽃은 스스로 눈부신 존재여서일까. 길을 가다가 꽃 가게에서 붉은 장미나 튤립을 보면 이미 꽃집 안에 내가 서 있다. 욕심 다 내려놓고 한 송이나 세 송이를 산다. 마트에 장 보러 갔다가도 마침 판매하는 꽃이 양동이에 꽂혀 있으면 그래야만 한다는 듯이 한 다발을 집어 든다. 한 송이, 세 송이, 한 다발은 화병에 꽂아 탁자 위에 올려놓는 순간 빛이 난다. 마치 요술처럼.

내가 어렸을 적에는 선물이라곤 받아본 적이 없지만, 받는다면 어른들이 돈 주고 사주지 않을 그 어떤 게 아니었을까. 나의 어머니가 돈 주고 꽃을 산다는 건 생각지도 않았지만 나는 내게 주는 선물로 스스럼없이 꽃을 사지 않는가. 내 손주에게도 그런 게 있을 것만 같다. 마트 한 코너에 유난히 반짝이는 머리띠를 발견하고 그냥 집어 들고 마는 철없음으로 찾아야 하나 보다.

선물 셋

축하받을 날이나, 꼭 그런 날이 아니어도 생각지 않게 받은 것들이 있다. 초인종 소리에 현관문을 열었을 때 안고 온 안개꽃 다발로 온통 상반신을 덮고 서 있던 K. 나는 그날 안개꽃 여인을 집에 들이며 그녀의 사랑스러움에 가슴이 두근거렸음을 이제야 고백한다. 내가 좋아하는 색이라고 늦가을 뜨락에서 거둔 범부채며 보리사초를 건사했다 건네준 M. 현실감 넘치는 생활인의 어느 구석에 이 낭만적이고 회화적인 감각을 숨기고 사는지 늘 놀랍다. 장미꽃을 처음 사봤다며 들고 온 친구는 나를 설레게 한다. 처음이라는 말과 행동 사이에서 쑥스러웠을 그 느낌을 알기에 문득문득 고마워서 설렌다.

성산포에 갔다가 우연히 받아온 운암 선생이 쓴 민병도의 시 '낙화', 낙화는 한동안 나의 방 벽에서 "향기만 남은 하루가 천년 같은 봄날"을 아쉬워 읊조리며, 내 가슴에도 그 향기 한 끝자락 물들여놓으며 한 봄을 건너갔다.

에필로그

12월은 선물을 주고받는 달이다. 일 년을 지나오면서 무언가를 이룬 이들에게 꽃 한 송이라도 주고 싶은 그런 달이다. 한 해가 다 가고 만다는 아쉬움이 가슴 밑바닥에서부터 아릿하게 저며 오지만, 슬프지는 않은 감정이 물안개처럼 깔린다.

〈나에게 주는 그림 선물〉은 어쩌면 그러한 마음을 헤아린 전시라는 생각으로 접근하면 어떨까, 하고 생각해 본다. 그러나, 그것이 꼭 전시장에 가야 하고 마음에 드는 그림을 만나는 것만은 아닐 것이다. 아니어도 혼자서, 둘이, 여럿이 함께하면서 그리움으로 다시 살아난 추억이 있다면 선물의 충족 지수는 넘치지 않을까 싶다.

그리움은 그림이 되어

"아빠는 잘 지내고 있고 전람회 준비를 하고 있어. 오늘 엄마와 태성이 소달구지에 타고 아빠는 앞에서 소를 끌고 따뜻한 남쪽 나라에 가는 그림을 그렸어."

이중섭이 1954년에 아들에게 보낸 편지에 그려진 '길 떠나는 가족'. 그림에는 즐거운 소풍이라도 가듯 흥에 겨운 아이들과 아내의 행복한 미소와 손수 소를 이끌며 신명 나게 길을 떠나는 아빠의 모습이 담겨 있다. 그는 가족에 대한 그리움을 편지와 그림으로 달래며 가족과의 재회를 간절하게 소망했지만, 끝내 사랑하는 가족을 만나지 못하고 1956년 9월에 세상을 떠나고 만다.

고통 속에서도 가족은 곁에 있다는 것만으로 위안이 되고 든든하다. 1951년 한국전쟁 당시 원산에서 내려와 살았던 서귀포 생활은 배고픔 속에서도 가족이 함께여서 가장 행복했던 시절이었다고 이남덕 여사는 회고했다. 자구리 바닷가에서 게를 잡아다가 먹고 그게 미안해 게를 그린 이중섭. 물고기와 게와 아이들과 놀았던 기억들로 채운 은지화. 널리 알려진 이야기지만 읽고 거듭 보아도 행복했던 서귀포에서의 삶이 스며 있다.

서로서로 이어져 하나인 아이들. 그림 속 아이와 마주하고 있으면 그 얼굴이 나를 바라보는 듯하다. 이중섭은 아이들의 얼굴이 아빠를 향하게 그리면서 보고 싶은 마음을 화폭에 담았으리라. 1952년 가족과 헤어지고 나서 그 그리움이 얼마나 깊었을지 헤아려 보는 그 '아빠의 마음'이 내 안에서 무척 아려 온다.

아내와 주고받은 편지글을 보면 당시 어려웠던 생활상을 알 수도 있지만, 무엇보다 부부의 지극한 사랑을 느낄 수 있다. 화가인 남편을 위해 생활인으로 뮤즈로 살아야 했던 이남덕. "이 세상 모든 사랑을 합한 것보다 더 아내를 사랑한다."라고 한 이중섭. 아내에게 다 전하지 못한 남편의 마음이 편지글 행간마다 아련하다. 편지글을 쓰고 남은 공간에는 곱슬머리의 아내와 아이들과 붓을 들고 그림 그리는 자신을 그려 넣었다. 가족을 향한 그리움이었다.

이어령은 그림, 그리움은 모두 '긁다'에서 파생된 단어라고 했다. 모양을 긁으면 그림이 되고 글씨를 긁으면 글이 되고, 마음속의 어떤 생각을 긁으면 그리움이 된다는 것이다. 나는 이중섭의 부인과 가족에 관한 생각을 긁어모아 보고 있다. 화가가 천착하며 찾아 헤맸을 '그리움'이 내 캔버스를 휘젓는다.

장맛비 추적추적 내리는 회색빛 오후, 이중섭미술관 전시실 한쪽에 마련된 '이중섭에게 보내는 그림편지 쓰기' 코너에는 여럿이 앉아서 편지를 쓰고 있다. 이들은 그리움이 그림이 된 그림들을 보고서 마음속에 어떤 생각을 그리고 있을까.

미술관 이층에서 내려다보는 밖은 초록으로 흠뻑 젖었고, 그 사이를 오가는 색색의 우산들이 다정스럽다. 이제 한 달 후에는 이 자리에서 보는 이런 모습도 지난 시간 속으로 흘러가 버린다. 2002년 세워진 이중섭미술관은 8월 18일까지 열리는 이중섭 특별전 〈그리움은 그림이 되어〉와 김환기, 김창렬, 윤중식, 이봉상 작가 등 같은 시대 화가들의 작품전을 마지막으로 헐린다. 지금보다 나은 미술관이 열리는 그날을 고대하며, 이중섭을 사랑하는 모든 이들에게 이 작은 미술관에서 접하는 마지막 전시가 그리움과 사랑으로 기억되기를….

계절 산책

- 그림책 페이지 사이로 흐르는 여름

                                        자주 만나지 않아도 늘 가까이 느껴지는 친구가 있다. 달력에 365일이라는 날이 있어도 얼굴을 보는 건 고작 서너 번. 짚어보니 계절이 바뀔 때마다 만났다. 지난번에 만난 게 3월 초였으니 봄이 시작될 때였고, 오늘의 만남은 유월 초사흘 망종을 이틀 앞둔 여름 초입이다. 친구는 제주시에서 버스를 타고 오고, 나는 서귀포에서 차를 몰고 간다. 랑데부 지점은 '동광육거리'. 이곳에서 만나 저지리 예술인마을로 간다.

   연둣빛으로 살랑이던 들판에는 누렇게 익어가는 보리와 여물어가는 메밀로 풍요롭다. 심상하게 보내다가도 이렇듯 자연의 변화를 맞닥뜨리면 그제야 비로소 시간의 흐름을 느낀다. 이제 곧 여름이라는 자각은 장마와 무더위라는 달갑지 않은 기억과 성숙하고 강렬한 경험의 기억을 동시에 불러일으킨다. 해는 더 길어지고 공기는 뜨거워지며, 사람들은 자연스럽게 밖으로 향한다. 여름은 우리 삶 속에서 가장 활발하고 자유로운 시간이다.

마침, 저지리 현대미술관에선 〈페이지를 건너다/이수지의 그림책〉 전시를 하고 있었다. 작가 이수지는 책이라는 무대 위에서 상상력을 펼쳐 왔고 첫 그림책인 『이상한 나라의 앨리스』를 시작으로 세계 여러 나라에서 그림책을 펴냈다. 작가는 '글 없는 그림책(Wordless Picture Books)'에서는 자유로운 이야기를 선사한다. 글이 없기에 그 어떤 이야기도 채워넣을 수 있고, 보는 사람들이 자유롭게 자신의 이야기를 채워 넣거나 상상을 덧입히면 나만의 이야기를 만들어 갈 수 있다.

동심의 기억을 불러오기엔 까마득한 세월이 흘러버렸으나, 머리칼 희끗희끗한 두 여인이 그 시절로 돌아가 페이지를 넘기며 걷는다. 무한한 상상력을 가진 아이들의 세상 속을 기웃거리며 아이들의 놀이를 그린 그림에 빠져든다. "아! 그래. 저렇게 팬티 하나 입고 물에서 놀던 때도 있었지." 추억의 책장을 넘기며 그 아득한 시간 속으로 미끄러져 간다.

익숙한 음악이 흐른다. 이수지의 그림책 『여름이 온다』가 전시되는 공간에 비발디의 바이올린 협주곡 '사계' 중 '여름'이 흐른다. 『여름이 온다』는 글이 거의 없는 그림책이다. 그 사이

사이에 생동하는 그림으로 여름의 생생한 소리가 가득하다. 아이들의 발걸음 소리, 밀려왔다 밀려가는 하얀 파도 소리, 바닷새가 부르는 노랫소리, 높은 가지 위에서 맴맴 매미들의 합창 소리, 아이스크림이 녹아내리는 달콤한 소리까지. 여름이 깊어지면 아이들의 얼굴엔 땀이 흐르고, 하늘에는 흰 구름 둥실 띄우며 끝없이 푸르고, 바다는 깊고 넓게 펼쳐진다.

비발디의 '여름'은 세 악장으로 구성되어 각 악장마다 여름의 다양한 모습을 그려낸다. 첫 악장은 더위 속에서의 권태와 나른함, 갑작스러운 폭풍우 전의 긴장감을 표현한다. 잔잔하게 시작하는 선율은 점차 긴박해지고, 마지막엔 격렬한 폭풍이 몰아친다. 두 번째 악장은 폭풍 사이의 고요한 순간이다. 비발디는 이 순간을 정적인 아름다움으로 그려낸다. 그러나 이 평온함은 곧 세 번째 악장에서 격렬한 번개와 천둥으로 무너진다. 바이올린은 미친 듯이 질주하고, 리듬은 요동친다. 날씨가 변화무쌍한 여름이라는 계절을 자연의 위협과 인간의 두려움을 교차하며 극적인 장으로 그린다.

이수지 작가가 펼쳐 보이는 따뜻하고 유쾌하며 감각적인 여름 위로 비발디가 덧입히는 조심스러우면서도 생동감 넘치고, 불안하면서도 드라마틱한 하모니가 어우러진다. 여름은 아이들의 세계를 바깥으로 확장시킨다. 교실을 벗어나 자연 속에서 감각과 상상력이 살아나는 시간을 경험한다. 아이들은 물

속에서 뒤집히고, 모래 위를 구르고 바닷새를 쫓아 두 팔을 날개처럼 펼치며 달음박질한다. 거침이 없다.

내 유년의 여름도 유난히 길고 눈부셨다. 매미 소리로 가득 찬 마당, 등목으로 땀을 씻고 찬물에 타서 먹었던 '개역'의 고소한 맛, 모기장 속에서의 뒤척임과 잠꼬대…. 지금은 희미해졌지만, 이수지의 그림 같은 기억들이 내 안 어딘가에 유영한다.

전시장 밖으로 나오니 나무들의 그림자가 길게 드리워졌다. 저녁을 먹기엔 조금 이르지만 근거리에 있는 모슬포로 간다. "모슬포 포구에서 비릿한 갯내음 맡으며 자리물회를 먹어야 비로소 여름 입성"이라는 친구의 고향이 모슬포다. 배들이 정박해 있는 포구에서 맛보는 '고향 바당'의 맛이 푸짐하다.

어느덧 바다 위로 노을이 진다. 하루 산책을 마무리할 시간이다. 이제 긴 여름을 견뎌내고, 바람이 선선해질 무렵, 우리는 다시 만나게 될 것이다. 얼굴에는 주름이 하나쯤 더 늘겠지만, 마음은 한결 가벼워져 더 간절하고, 더 기쁘게.

겹겹의 서사

오래 보고 있다. 화폭 한가운데 투명하고 그윽한 푸른 바다와 엷은 먹으로 그려진 섬이 오롯하다. 그림의 가장자리에는 아무것도 없다. 그 비어 있는 허공 같은 공간을 오래 바라보다가 문득 떠올랐다. 누군가 "여백은 불필요한 것을 지우는 것이 아니라 필요한 것을 더욱 돋보이게 하려고 지우는 것이다."라고 했던 말. 지워져서 텅 비었으되 층층이 깊은 이야기로 그 깊이는 무한하게 느껴진다.

소암기념관에서 전시 중인 김현철의 〈겹겹의 서사〉는 제주의 자연 경관 속에서 내면 풍경의 깊이를 시공간적으로 펼쳐낸다. 이 둘은 서로 포개지며, 다층적인 의미로 이끌어 낸다. 관람자는 이 겹겹이 쌓인 구조 속에서 자신의 해석을 더해 작품을 감상하게 된다. 그림 앞에 멈춰 선 순간, 작가가 느꼈던 그날의 공기와 빛, 그리고 바람을 온몸으로 받아들이려 한다. 고요하고 담백한 화면은 맑은 여백으로 깊은 여운을 남긴다.

어떤 화가는 캔버스 가득 색을 채우는 대신, 일부러 하얀 공간을 남긴다. 하고 싶은 말을 다 드러내지 않는 작품. 붓질이 멈춘 그 자리에 허전함이 스며들지만, 정작 보는 이의 눈길은 그 여백 위에서 오래 머문다. 눈에 보이지 않는 여백 속의 의미를 찾아내려고 한다. 작가가 보여주려는 진실은 무엇일까. 여백은 무언가를 덜어낸 자리가 아니라, 작가가 말했듯이 '짐작'이 시작되는 자리일지 모른다. 붓질에 색조가 더해진 곳보다도 넓고 깊은 여백. 그 속에서 삶과 일상의 사유를 길어 올리는 건 감상자의 몫이다.

이 그림은 전한다. 사람 사이의 관계도 여백이 필요하다고. 말과 말 사이, 표정과 표정 사이의 침묵. 그 사이를 짐작으로 메워가는 그것이 여백이다. 말로 다 설명하여 그 말이 상대에게 이해되어야 한다는 건 욕심이다.

어느 날, 내 진심이 왜곡되는 게 두려웠다. 그러나, 모든 것을 설명하려 들수록, 오히려 더 멀어지는 순간이 있었음을 기억한다. 완벽히 채워진 날의 만족감보다 어딘가 모자란 듯 허전했던 날이 오래 남는다는 걸 깨달아 안다. 이제 여백을 남겨야 하겠다. 말도, 글도, 사람과의 관계도. 그 빈자리의 여백을 누군가 진실되게 감상해 주고, 띄어진 행간을 누군가 읽어주기를 바라며.

    작가는 말한다. "보이는 풍경이 아니라, 느끼는 감각이 남아야 한다." 그의 이 말은 이 전시 전체를 관통하는 하나의 주제다. 모사(模寫)로 시작해 계화(界畵)로 다듬어지고, 산수의 여백으로 마무리되는 작업 과정은 마치 집착을 덜어내는 수행으로 나의 가슴속에 앉았다.

    고요를 불러오는 회화 앞에서 잠시 쓸데없는 분주함을 잊었다. 폭염경보가 이어지는 이 여름에 계절을 잊고 청아한 소리에 심신을 담근다. 내 안의 잡음은 점점 사라지고 빈터에 한 점 푸른 바람이 인다. 내 오랜 시선에도 그림은 말하지 않는다. 대신 내 마음에 폭풍우가 지나가게 하더니만 결국 잔잔한 파문으로 남았다. 마치 아무도 모르는 아주 먼 곳에서 바람을 타고 밀려오는 물결처럼.

귤림추색(橘林秋色)

 귤원으로 바람이 스며들었다. 갈바람에 귤이 나무와 함께 잠시 흔들리다가 멈추고 하늘을 쳐다보고 있다. 서로 여름을 지낸 별과 달 벗하고, 푸른 은하의 밀어를 가슴으로 모두 껴안았다. 가을은 그렇게 노란 귤이 되어, 사뭇 넉넉하게 들녘을 비춰낸다.

 밭고랑마다 귤을 담을 노란 컨테이너 줄짓고, 가을볕 아래서 귤 따는 인부들은 흥이 났다. 나이 지긋한 아주망들의 노래는 구성진 트로트다. 누구 한 명이 흥얼거리기 시작하면 귤밭은 노래로 넘실댄다. 귤나무도 신바람에 장단을 맞추는 듯하다.

 바다가 보이는 귤밭. 하늘은 왜 이렇게 맑고 바다는 오늘따라 왜 저리도 푸른가. 귤을 따는 사람들의 흥겨움이 들녘에 출렁인다. 푸른 하늘 아래 조화로운 황금빛 가을 서정이 정겹다.

애정과 풍요로움의 색 노랑으로 갈무리하는 서귀포의 가을은 살림살이의 주름을 펴주리라는 기다림도 품고 있다.

먼 시절, 우리 집은 장남이 4년제 대학을 졸업하기 전에 둘째가 대학 2학년이 되고 셋째가 연이어 입학했다. 그 뒷바라지에 부모님은 여념이 없었다. 서울로 대학을 보낸 제주의 여느 집과 마찬가지로 등록금과 생활비 등을 보내야 했으니 그 부담이 만만치 않았다. 그래도 부모님의 소망은 굴함이 없었다. 감귤나무에 자식들의 꿈을 매달고 거의 날마다 귤밭으로 나갔다.

자식들은 이제 어른이 되었고 부모님은 저세상으로 가셨지만, 사시사철 귤밭에서 보내시던 그 기억을 반추한다.

소싯적 귤밭에서 보았던 아버지의 모습 하나하나가 내 삶 속에 슬어 있다. 밀짚모자 아래로 보이던 고단한 눈빛을. 봄날 가지치기하느라 귤밭 위로 똑똑 울려 퍼지던 가위 소리를. 푹푹 찌는 여름날 귤나무에 살포할 농약 기계의 줄을 끌고 다니던 땀에 전 발자국을. 가을 이때 탐스럽게 익어가는 귤나무 아래서 귤을 따서 건네주던 주름지고 투박한 그 손을….

세월은 흐르고 다 자란 자식들은 부모님이 그때 감귤 나무에 쏟은 애정을 가슴으로 느끼고 있을 터이지만, 황금빛으로 출렁이던 귤밭은 이제 만날 수가 없다. 다만 나의 심연 깊은 곳에 부모님의 사랑이 저 노란 귤처럼 언제나 영글어 있어서 이 가을 한없는 그리움에 젖게 하고 있을 뿐.

낙엽 구르는 소리 들으며 방 안에 홀로 앉아 귤을 까는 시간. 향긋한 향기 안개로 흘러 방 안을 채우고 새콤한 단맛이 입술을 적신다. 한 해 동안의 향기와 꽃, 노고의 일손과 감사의 마음이 귤 한 알에 있다.

이 한 알에 사무치는 그리움이 귤빛으로 영글었으리….

행복한 대면, 사진을 읽다

어느 아침, 평소 존경하는 N 시인에게서 사진 한 장을 받았다. 내가 사진을 즐겨 찍는 줄 아셨는지 보내준 사진은 〈2023 서귀포사진·영상콘텐츠공모전〉에서 최우수상을 받은 '김호정'의 작품으로 제목은 '일상'이라고 한다.

첫 느낌이 좋다. 온화하고 밝은 색상을 기본으로 한 이미지가 아름답다. 푸른 하늘과 흔하게 볼 수 있는 하얀색 콘크리트 단층 건물에는 직사각형의 유리문 두 개가 나란히 나 있다. 두 개의 문 사이로 집 주소가 붙어 있어 사람이 살고 있음을 알 수 있다. 하얀 벽 위로 시선을 두다가 건물의 오른쪽으로 드리워진 그늘에 눈길이 머무른다. 이 사진이 무언가 달리 보였던 것은 이 그림자 때문이었다. 마치 중요한 이야기가 숨어 있음을 암시라도 하듯이, 작가가 무엇인가를 비밀스럽게 숨긴 곳을 찾았다는 설렘이 인다.

고요한 배경을 나란히 하고 한 노파가 자전거를 타고 지나간다. 노파는 사진 속에서 4분의 3 정도 지나간 자리에 있다. 정중앙을 넘어간 노파의 자전거는 연출한 것인가 아닌가 하는 의문이 들면서 작가의 의도가 몹시 궁금해졌다.

건물에 드리워진 그림자는 프레임 밖에 서 있는 나무의 그림자일 것이다. 그림자와 자전거 탄 노파를 찬찬히 본다. 그림자는 마치 노파가 남기고 가는 삶의 자취처럼 그녀의 뒤에 고요히 남아 있다가 어느 순간에 사라져 버릴 것이다. 살아가는 것은 어쩌면 붙들어 놓을 수 없는 그림자 하나 남기고 가는 것이 아닌가.

쓸쓸하지만, 늘 마주하는 어쩌면 심상한 질문이 노파의 자취를 쫓는다. 작가의 의도가 비로소 내 눈에 들어온 셈이다. 삶은 어차피 소멸을 향해 가는 것이다. 아무리 발버둥 치며 더는 가지 않겠다고 한들 누가 그 소원을 들어줄 것인가. 우리의 삶을 관장하는 듯, 때로는 손을 놓은 듯 신은 소원을 들어줄 것 같으면서도 냉정하다. 가장 나약하고 대책 없는 인간은 모든 일을 신의 뜻이라며 그저 체념한 채 사는 것이 아니겠는가.

사진에서 읽어내는 화두가 따뜻하게 내 속으로 감아 들며 가슴께에 물기가 촉촉이 번진다. 자전거를 탄 노파에게서 풍기는 그 무엇인가를 더듬는다. 보일 듯 말 듯, 말할 듯 침묵할 듯, 조용히 펼쳐진 쓸쓸하고 외로운 서정을 불러일으키는 시 한 편이다.

봄날의 피어나는 연둣빛을 거쳐 짙은 초록의 여름을 성숙하게 보내고 드디어 가을의 열매를 맺는다. 그 풍요로운 가을걷이가 끝나고 나면 붉은색으로 물든 나뭇잎도 하나둘 떨어져 일생을 마무리하겠지. 노파가 가는 길에 붉게 물든 열매를 잔뜩 달고 선 먼나무 한 그루는 노파의 삶을 은유한다. 어쩌면 우리네 인생일 수도 있다는 기시감에 나의 시선이 그곳에 오래 머문다.

씨앗이 떨어져 땅속에 뿌리를 내리고 싹을 틔우고 성장해서 한 그루의 나무로 우뚝 선다. 볼품 좋은 나무가 될 수도 있고, 휘어지고 못난 나무가 될 수도 있다. 곧게 자라기를 바라지만 누구도 장담하지 못하는 게 나무의 성장이다. 햇볕과 공기와 물과 양분을 고루 받을지라도 나무 자신도 모르는 성장의 끝은 신비로울 수밖에 없다. 인간의 삶도 그와 다를 게 없지 않나 싶다.

사진은 하늘 건물 땅으로 나눈 단순한 구도로 군더더기 없이 정갈하고, 삼분할 법칙의 기본 구도로 안정적이다. 소재는 서로에게 배경이 되면서도 개별성을 잃지 않는다. 티 없이 맑은 하늘은 영원을, 건물은 인간의 안식처이긴 하나 언젠가는 사라지는 유한성을, 땅은 생명을 잉태하고 키우고 품는 자연의 안식처를 상징한다. 그 땅 위를 굴러가는 자전거 바퀴. 그 위에 구부정하니 앉아 힘겹게 페달을 밟는 노파. 힘들지만 이게 일상이라고 대신 말하는 노파의 발과 바퀴. 바퀴는 그리 빨리 구르는 것처럼 보이지 않으나 시간은 바퀴보다 앞서가는 것 같다.

노파가 가는 방향에 서 있는 나무 한 그루. 가을의 중심에서 한창 붉어진 절정에 자지러지지만, 얼마 지나지 않아 열매도 잎사귀도 떨어지고야 말 나무의 그 절정은 노파의 인생이 농축된 아름다운 기억이 아닐까.

"찰칵"

누가 나의 일상은 찍는다면 어떻게 찍힐까…. 오랜 여정의 한 컷에 쓸쓸한 시선이 머물지만, 참 행복한 대면이다.

꼿꼿하게 예도(藝道)를 추구했던
소암의 삶과 예술, 에피소드

"어떻게 하면 노래가 될까. 노래도 서툰 노래도 아닌 익숙한 노래, 익숙한 춤이 될까. 이것이 문제다. 춤을 추듯 쓰고, 노래를 부르듯 쓴다면 참 좋아요. 아는 사람이 보면 글자는 가만히 있지만 춤추는 것처럼 노래 부르는 것처럼 활동해요. 나는 한라산 넘어갈 때 올 때 다 공부해요. 초록과 모든 것이 아, 이렇구나 생각해요. 쑥대나무, 백양나무, 이건 쭉 올라가고, 소나무 같은 것은 구불구불하고, 그러니 이걸 배우다 보면 자연히 통한다. 그래서 나는 지금 들에 가는 것을 좋아해요."

- 소암 어록에서

'한국 서예계의 큰 별' 소암 현중화. 질곡의 시대를 살며 평생 서예의 외길만을 걸어갔던 참 예술가로 우리들의 가슴속에 살아 있다. 도인을 연상시키는 하얗고 긴 수염, 꼿꼿한 자세에 펄럭이는 두루마기 차림. 한눈에 들어오는 탈속의 풍자(風姿)에 경외감이 절로 든다.

소암은 생전에 드문드문 일화를 남긴 서예가다. 꼿꼿했던 성품, 일필휘지(一筆揮之)의 예도(藝道)에 이른 거장(巨匠)의 에피소드에 대한 호기심은, 시중의 풍문을 증폭시키며 흥미의 날개를 달고 도내 곳곳으로 날아들었다. 당나라 시인 이백을 연상하게 하는 선생의 '풍류와 낭만'에 사람들이 매혹되었기 때문일 것으로 생각된다.

"소암은 화려하고 가식적이고 형식적인 것을 싫어했다. 갈치구이 한 토막이나 자리구이 두 마리면 족한 식사를 했던 선생은 호텔에서 밥 먹는 것을 좋아하지 않았다. 소박한 음식을 선호하는 까닭이기도 했지만, '직선과 면'으로 이루어진 획일적인 실내는 자연에서와 달리 배울 게 없다. 선생은 늘 바다, 들, 산으로 나가 자연에서 배우라고 말하였다."

소암의 제자인 '소농 오문복 선생'은 또렷한 기억으로 스승을 회상했다.

"지도할 때에 언제나 강조한 것은 체본을 바로 볼 것, 붓을 세울 것이었다. 임종하는 전날까지도 곁에서 자리를 지킨 나에게 혀가 굳어져 발음이 잘 안 되는데도 '첵, 첵'이라고 외쳤다. 체본(體本)을 첵이라 발음한 것이다. 체본을 바로 보라는 말은 북비의 강건함을 놓치지 말라는 뜻이며 붓을 세우라는 말은 글씨를 쓸 때 팔꿈치를 들고 팔목을 둥글게 하여 붓을 잡은 손이 팔의 둘레 안으로 들어오게 하면 붓이 바로 서고, 이렇게 하여 바로 선 붓은 필봉을 적당히 꺾이며 붓끝이 양쪽으로 펴지게 하라는 뜻이다."

선생의 필체가 왜 지금도 서예를 수련하는 사람들의 범본(範本)이 되고 있는가, 왜 별세하고 30년 가까이 되는 소암의 서체를 지금도 뭇 서예가들이 배우려고 안달하고 있는가에 대한 답을 대신해 주는 일화다.

필자가 들은 이야기로, 애주가였던 소암의 음풍농월(吟風弄月)했던 호기를 엿볼 수 있는 일화가 몇 개 있다. 하지만 확인할 길이 없어서 시중의 과장된 재담에 불과한 게 아닌가 생각했지만, 오문복 선생의 회상으로 그것들은 다음과 같은 이야기로 드러났다.

"서귀포 제자들이 선생을 술집에 모시고 간 적이 있는데, 그 술집 벽에 '독서삼매'라는 글이 걸려 있었다. 그걸 보고 선생은, 명필이긴 한데 이 장소에 맞지 않는다. 어린이를 위해서 글씨를 쓸 때는 순진함을, 시골 사람을 위해서 쓸 때는 촌스럽게, 술자리에서는 흥청망청. 글씨를 쓰는 대상이나 당시의 흥겨움에 따라 속된 말로 '빤득', '삐딱'을 자유로이 해야 한다고 말씀하셨다."

하나 더 있다. "소암이 서귀포 K 요정 마담의 치마폭에 글을 써줬고, 그 치마는 굉장히 값나게 팔렸다."라는 소문으로, 소암 생전에 사실이냐, 아니냐로 시중의 적잖은 논쟁거리가 됐던 에피소드다. 오문복 선생이 '증언대'에 기꺼이 서주셨다.

"술집에서 치마폭에 천보지복(天報之福), 내가 입은 두루마기에는 냉난자지(冷暖自知)라고 썼는데 음(音)은 술 먹는 남성들의 흥을 돋우지만 뜻은 좋은 뜻이다. 소암은 그렇게 농을 해도 장소에 맞게 하면서 멋을 잃지 않으셨다."

'취시선(醉是仙), 취하면 신선이 된다'는 글에 관한 일화는 소암의 에피소드 중 백미다. 소암이 술집에서 도배된 벽에다가 취시선을 쓴 것에 대해 사람들의 해석이 분분했다. 소농 선생은 이 취시선에 대한 소문을 단도직입으로 이렇게 설명했다.

"오전 공부가 끝나고 소암 선생과 대화를 나누는데 내가 농담으로 '취시선에 대해 감탄하는 사람이 많다고 합니다. 취시선이 선생님 대표작이 되겠습니다.'라고 말했다. 그러자 선생이 펄쩍 화를 내면서 '취하면 이것이 바로 신선이다, 라는 뜻이 틀렸다. 그러면 세상에 술광질달이(주정뱅이의 제주어)는 다 신선이냐? 글자를 한번 봐라. 글자의 획이 가늘고 살찐 변화가 어디 있느냐. 벽이어서 누르지 못해 똑같이 썼는데 멋으로 술 먹은 분위를 나타내는 거는 좋지만, 글씨로는 영점이다. 모르는 사람들이 소암은 술을 먹어야 글을 더 잘 쓴다, 라고 하는데,

그것들 다 무식한 소리다. 술 먹고 쓰는 글은 술이 쓴 거지 사람이 쓴 거냐?'라고 반문했다. 선생은 헛말은 하나도 안 하는데, 이 글은 선생이 흥이 날 정도로 취기가 오르자 '신선의 세계로 돌아가려 한다'라는 뜻으로 '취귀선(醉歸仙)'으로 쓰려던 건데 취시선으로 쓰여진 것이다."

고결한 인품, 함부로 흉내를 낼 수 없는 서법, 그리고 서민적 에피소드까지, 한 시대 서예가의 자부심으로 거침없고 당당하게 살았던 선생의 인품은 오늘을 사는 우리의 사표(師表)로 부족함 없이 다가선다. 소암의 서재 조범산방(眺帆山房) 베란다에 나와 앉아 바다를 고요히 응시하던 선생의 모습이 저만치서 선명하다.

*이 글은 소농 오문복 선생님의 증언을 바탕으로 재구성했습니다. 채록하도록 허용해 주신 선생님께 감사드립니다.

테왁의 모양 해녀의 마음

 이 전시를 접하기 전에는 '테왁은 둥글다'라는 이미지에 갇혀 있었다. 어린 시절 여름방학에 나 시골 가서 이모나 사촌 언니들이 바다에 나갈 때 질구덕에 넣고 지고 다녔던 테왁을 본 그대로. 박의 속을 파고 만들어서 갈색이란 걸 안 것도 시간이 흐른 뒤였다. 그렇게 이미지화되어버린 테왁은 그 이후에 해녀들이 물질하는 모습을 보거나 해녀의 집에서 휴식을 취하는 테왁을 보면서도 다 둥글다고 정해놓고 보았기에 다른 모양이 있으리라고는 생각지 못했다.
 전시된 테왁은 도내 11개 어촌계에서 가져온 것들로 해녀들이 실제 사용하는 테왁이다. 테왁은 해녀가 직접 만드는데 마을마다 해녀마다 그 모양이 제각기 다르다. 마을의 제작 전통과 해류, 바람 등 환경에 따른 물질 패턴과 수확량에 따라 테왁의 모양이 다양하다. 크고 작은 원형의 테왁, 원통형과 직육면체 테왁, 육각형의 테왁. 자신의 쓸모에 맞게 깎고 다듬어서 자기만의 테왁을 탄생시킨 걸 보니 그야말로 해녀의 마음 그대로다.

바당밭에서 물건을 많이 캐는 상군 해녀의 테왁은 그 크기가 보통 테왁의 세 배는 되어 보인다. 테왁을 등에 지고 가는 모습이 산을 업은 듯하다. 저리 커다란 테왁을 물 위에 띄워놓으면 마음이 든든하였으려나. 작은 테왁은 망사리에 물건을 많이 담으면 물 아래로 잠겨 테왁이 물을 잔뜩 먹어서 다음 날은 물에 뜨지 않아 못 쓰기 때문에 크게 만들게 되었단다.

네모나고 길고 각이 진 테왁은 기다란 목침을 닮았다. 잡기가 편하도록 줄을 엮어놓았다. 물에 한 번 들어가면 긴 시간 작업해야 하기에 물 위로 올라와 잠시 쉬어야 한다. 그럴 때 팔이 미끄러지지 않고 기댈 수 있도록 고안해 낸 것에서 해녀의 현장 체험이 돋보인다.

테왁은 바다 위 안전기지이자 쉼터이다. 테왁과 망사리와 전복을 떼는 빗창 정도만 가지고 바다로 들어간다고 알던 나의 무지는 이 전시를 보면서 여지없이 깨지고 말았다. 테왁에 달고 다니는 소도구가 스물아홉 개나 되었다. 물질용 시계에 시계 주머니, 골갱이, 빗창, 두통약과 약주머니, 귀마개, 물병과 물병 주머니, 해삼 조락, 문어를 잡아도 해녀마다 담는 주머니는 각각으로 운동용 가방, 양배추 망, 비닐봉지 등 각양각색이다.

그 많은 도구를 처음부터 달고 다니진 않았다. 오랫동안 바다에서 작업을 하며 필요에 따라 하나하나 추가되었을 것이다. 물의 압력으로 두통이 심한 해녀에게 두통약은 필수. 약을 먹으려니 생수 한 병도 따라간다. 해녀마다 쓰임새와 때때로 발생할 수 있는 문제를 해결할 지혜의 산물이었다.

테왁에 매달려 있는 색색의 천은 '테왁 주인 식별용 천'이다. 멀리서도 알아볼 수 있도록 다 다른 색의 천을 사용한다. 테왁에 이름 석 자를 쓰지 못하는 이유도 있었다. 바다에서 무슨 일이 일어났을 때 저승사자가 와서 데려가 명부에 이름을 적지 못하도록 성은 빼고 이름 두 자만 적는다고 한다. 구전으로 전해져 내려온 해녀의 철칙 앞에선 삶과 죽음을 의식했던 그네들의 신앙의 한 면을 보는 듯했다. 테왁 위를 넘나들지 말아야 한다거나 테왁이 예뻐야 물건이 많이 잡힌다거나 테왁줄이 끊어지면 남의 테왁에 붙어야 산다는 등의 이야기도 살아내기 위한 무언의 약속이었다.

'이승에서 저승으로 돈 벌러 간다.'라는 말의 의미를 곱씹으며 나는 어느덧 깊은 바닷속으로 자맥질해 들어갔다. 해녀들이 쏟아내며 다시 움켜쥐는 숨비소리가 전시장 안에 서 있는 나를 깨운다.

제주 푸른 바다에 낭창낭창 둥실둥실 떠 있는 테왁은 구경하는 이에겐 하나의 아름다운 풍경이다. 거기에다 숨비소리는 또 얼마나 아릿한 곡조인가. 영상 속에서 소탈하게 웃는 늙은 해녀를 보며 따라 웃으면서도 나의 눈가가 젖어오듯이, 그 얼굴에 바다 물결로 깊게 새겨진 주름을 다 읽어낼 수 없듯이, 알 듯 모르듯 접해 온 해녀 이야기로 그네를 다 안다고 나서지 말자.

　망망대해로 나가는 해녀에게 테왁은 그녀들이 말하듯이 "제일로 중한 거"다. 디딜 자리 없는 깊은 바닷속에서, 의지할 데 없는 바다 위에서 테왁은 해녀들과 운명을 같이하는 동무이면서 보살펴 주는 신神일 터이니….

제4부

천천히 노래 부르듯이

깊숙하고 안온하게

　　　　　　　　　　　　　이 밤에 와인 한 잔과 함께 가까이 두는 소리가 있다. 가을날 호수 위에 떨어지는 빗방울처럼 맑은, 사라져 가는 것들의 비애처럼 고독한, 차가운 가슴을 어루만지는 연인의 노래처럼 쓸쓸하나 아름다운….

　　오래전 일이다. 지나간 이야기를 들춰낸다는 건 노년의 청승 같아 싫지만, 이렇게 이야기를 꺼낸다는 건 청춘의 그 어느 날이 특별해서일 거다. 스물을 갓 넘긴 즈음 밤을 지새우는 날이 많았다. 그런 어느 밤, 화병에 꽂아 둔 장미꽃 봉오리가 서서히 꽃잎을 펴는 순간을 함께했다. 별빛도 달빛도 이울고 잠들어 있는 생명들이 아직 깨지 않은 이 시간을 기다려 공기보다 가벼운 몸짓으로 벌어지는 꽃잎. 경이로웠다. 그 순간에 내 안으로 흐르던 쇼팽의 녹턴(Nocturne)도 장미꽃 꽃잎 속으로 녹아들었다.

　숨죽이며 응시하던 신비로운 그 순간은 장미를 볼 때면 '장미는 모두가 잠든 시간에 핀다.'라는 화두를 앞세우며 명징하게 떠오른다. 기억은 상황에 따라 어느 정도 왜곡이 된다 하나, 그 밤의 장미와 피아노 선율은 고스란히 내 안에 저장되어 음반에 바늘을 올리면 재생되어 나오듯이 스스럼없다.

　이 밤에 흐르는 쇼팽의 녹턴 '제13번 C단조 작품 48의 1'은 그 밤의 느낌과는 다르지만, 깊은 슬픔과 차갑고도 격렬한 열정은 고상한 정서를 자아낸다.

　녹턴은 보통 야상곡(夜想曲)으로 번역되는데, 꿈꾸는 듯한 선율에 매혹적인 밤의 상념을 담은 독주곡으로 이해할 수 있다. 쇼팽의 녹턴은 전체 21곡이며, 창작시기는 10대 후반부터 거의 만년인 1846년까지에 이른다.

　피아노로 시를 썼다는 평이 있듯 쇼팽은 섬세한 사람이었다. 조르주 상드가 쇼팽을 만나게 된 것은 '리스트'를 통해서였다. 그녀는 가냘프고 창백하면서도 뛰어난 지성과 폴란드적인 열정이 넘치는 이 젊은이에게 매료되어서 그를 '노앙'으로 초청하여 머물게 함으로써 불후의 야상곡과 찬란한 서곡들을 작곡할 수 있게 했다.

　조르주 상드는 이렇게 썼다. "그의 창작은 자연발생적이었고, 기적적인 면이 있었다. 그 위대한 곡들은 그의 피아노에 문득 찾아오는 것 같기도 했다. 혹은 함께 시골길을 거니는 동안 노래처럼 찾아오기도 했다. 그러나 한 번 그렇게 실마리가 풀리기만 하면 그다음에 도저히 눈으로 볼 수 없는 고통스러운 작업이 시작되는 것이었다. 하루 종일 방 안에 틀어박혀 울기도 하고, 방 안을 왔다 갔다 하기도 하고, 펜을 부러뜨리는가 하면 한 소절을 백 번 이상 반복하거나 뜯어고치기도 했다."

    그녀가 쓴 글은 쇼팽을 듣는 나에게 눈물과 함께 큰 위안을 준다. 광기라 할 만한 고통을 감내하며 영혼으로 지어낸 곡을 마음만 먹으면 들을 수 있다는 건 기적과도 같다. 누구든 자기만의 비밀스러운 피안이 있듯이, 나에겐 음악이 그러하다. 고전음악을 접하면서, 이십 대 초반에 이불을 덮어쓰고 테이프가 늘어지도록 듣던 쇼팽의 곡들은 방황하던 마음을 위로해 주던 내면의 목소리였다. 이토록 밤이 이울어 갈 줄 모르는 시간, 먼 과거 속으로 시간여행을 떠난다. 손가락이 그리는 리듬을 타고, 어디선가 쇼팽을 들으며 깊숙하고 안온하게 휴식을 취하고 있을 누군가와 함께···.

전원교향곡을 듣는 아침

장마철이라 열지 않던 창문을 활짝 연다. 축축한 바람결에 실려 오는 아침의 기운을, 구름 속에서 빛나는 빛을 온몸으로 느낀다.

커피 한 잔을 들고 전원교향곡에 나의 아침을 맡긴다. 새봄이 열리듯 찬란한 소리가 싱그럽다. "숲속에 있으면 기쁘고 행복하다."라고 한 베토벤이 산책하던 하일리겐슈타트의 숲이 눈 앞에 펼쳐지는 듯하다. 1악장의 표제를 '전원에 도착했을 때의 상쾌한 기분'이라고 본인이 직접 붙였을 만큼 소리를 듣지 못했던 베토벤은 자연의 아름다움에서 느끼는 평화로운 감정을 형상화하여 곡을 만들었다.

아직 잠이 덜 깬 이웃에게 방해가 안 될 만큼 소리를 키운다. 숲속에 서 있는 듯, 자연의 평화로움이 생동하는 신비로움으로 내게 고스란히 전해져 온다.

어젯밤 밤새 아무 일도 일어나지 않기를 빌며 잠자리에 들었다. 의사가 말한 그 한마디. "뇌출혈의 증상은 천천히 나타날 수도 있다."라는 그 말 때문이었다. 어떤 얄궂은 운명이 다시 나를 방문하는 것 같은 예감이 주는 두려움뿐이었지만 제발 아무 일도 일어나지 않기를 간구했다.

아침에 일어나 거울을 보니 메디폼으로 덮은 이마는 부어올랐고, 멍든 무릎과 왼쪽 손바닥 상처는 쓰라렸다. 응급실 의사는 어지러움, 두통, 시야 흐림 같은 증상이 나타나면 병원으로 오라고 했지만, 아직 특이한 증상이 없어서 다행이지 싶다.

어이없는 사고는 발 헛디딤에 있었다. 퇴근 시간에 만난 P와 저녁을 먹고 맛있는 커피를 마시자며 간 시내의 한 카페. 멀리 새연교에 점멸하는 불빛과 어우러진 바다의 풍경을 한눈에 담으며, 높이 솟은 붉은 굴뚝이 기울어가는 해의 시계에 맞춰 긴 그림자로 눕는 것을 바라보며, 이 하루도 '무사히 지나가는구나.'라는 안도감에 휩싸였다. 우리가 그저 매일매일 하는 수다나 하소연이 간간이 섞인 일상의 이야기들은 그 안도감에서 가지를 치고 나오는 것에 불과했다.

누가 삶에서 우연은 항상 구덩이를 파고 우리를 기다린다고 했던가. 쟁반을 들고 내려오는 P에게 조심하라며 고개를 살짝 뒤로 돌린 그 순간 앞으로 곤두박질치며 콘크리트 기둥을 머리로 받았다. 가파르고 좁은 계단 탓을 해서 무엇하리. 지나간 기억을 되돌려보니 어이없는 실수였으나 자꾸만 '만약에'란 설정이 뒤따른다.

만약에 내가 넘어지면서 이마가 아닌 코나 턱으로 받았더라면 뼈가 부서져 수술받고 병원에 누워 있을 것이다. 만약에 머리의 정중앙을 부딪쳐서 뇌출혈을 일으켜 일각을 다투는 상태였다면 119를 부르고 야단법석을 치렀을 테고. 만약에 응급치료에도 불구하고 인사불성이 되었다면….

그 자리에 있던 P가 받을 충격, 카페 주인이 겪을 흉흉한 소문, 예상치 못한 불상사에 당황할 내 가족들. 신문과 방송의 사고 소식들과 나를 아는 사람들의 놀람. 부고에서 장례까지. 나의 벗과 평소 나를 아껴줬던 이들은 나의 최후를 보면서 '어떤 사람이었고, 어떻게 살았느냐.'를 이야기하겠지. 생사의 갈림길을 용케 빠져나왔다는 다행스러움도 잊고 '만약에'라는 설정은 무한히 확장한다.

음악이 이끄는 대로 들어간 숲길은 멀리 길게 뻗어 있고 나는 걷고 있다. 깊고 맑은 화음이 인도한다. 찬란히 빛나는 봄날의 숲은 살아 있음에, 어제의 두려움에서 벗어나 내가 숲이 되는 순간이다.

성숙해진 여름은 소나기와 폭풍으로 계절의 위엄을 알리며 서서히 물러나고 가을로 접어든다. 하늘은 더없이 푸르고 농부는 누렇게 익은 들판의 곡식을 거두어들이고 마을 처녀들은 춤을 추며 수확의 기쁨을 표현한다. 안락한 시골 정경은 풍요로운 삶으로 흐른다.

장마가 닥친 이 여름, 음악 속 가을의 정취에 나의 서정은 문을 활짝 열었고, 나의 심연은 지난가을 내가 갔던 숲에서 본 가을 나무들의 속삭임에 일렁인다.

창문 너머로 흔들리는 나뭇잎을 바라본다. 이 자리에서 바라봤던 나무들은 어제와 다름없이 제 자리를 지키며 서 있다. 나뭇잎 틈새로 빛의 알갱이들이 반짝인다. 빛의 무늬를 온몸으로 그리는 나뭇잎들을 보면서 이상하게도 기쁨이 느껴진다.

이 순간 틈을 비집고 살아나는 소리가 있다. 아파트 주차장을 빠져나가는 자동차 소리, 배수구를 타고 내려오는 물소리, 건물 사이사이로 들려오는 아침을 여는 소리, 감흥이라고는 찾아 들을 수 없었던 왜소하고 거친 소리가 웬일인지 소란스럽지 않고 잔잔한 화음을 이룬다.

음악과 함께 어우러지는 일상의 소리. 어제와는 다른 오늘의 소리에 귀 기울이며 첫날처럼 이 아침을 연다.

천천히 노래 부르듯이

봄을 부르는 2월의 비는 시새움인 듯 아닌 듯 부드럽다.

녹색을 머금은 빗줄기에 젖어 드는 봄의 냄새. 비 오는 날은 낭만 혹은 고독이라고 해도 좋은 날이요, 게으름을 피울 수 있는 이유를 만들기에도 좋은 날이다. 이런저런 상념이 꼬리를 물고 일어나도 크게 나를 얽어매지 않는 그런 날이다. 그래서 나는 비 오는 날이 좋다.

할 일 없이 차를 끌고 거리로 나간다.

비 내리는 거리와 우산을 쓰고 걸어가는 사람들의 웅크린 어깨와 생기 돋는 길가의 가로수를 보기 위하여서라고 해도 마냥 좋다.

앞에 가는 자동차 바퀴에선 안개 같은 물줄기가 뿜어져 나온다.

　차창 너머로 보이는 거리 풍경이 촉촉하다. 잿빛 속에 감춰진 푸르름… 드러나지 않는 색채가 주는 미묘함이 신선하다. 빨간불이 켜진 신호등 앞에 멈추어 잔잔하고 고요한 풍경 한 컷을 담는다.

　차 안에는 차이콥스키 현악사중주 1번 2악장이 흐른다. '안단테 칸타빌레' 러시아의 대문호 톨스토이의 눈물샘을 건드렸다는 곡이다. 이 대작가는 무슨 연유에서 눈물을 흘렸을까. 진실 영혼 인간 사랑 갈등 고독 연민… 이런 말을 되뇌어 본다. 그도 한 인간이기에. 아름다운 것은 품을 수 없어 슬프다는 걸 아는 나이가 되어버린 지금의 나도 때때로 연민으로 지새우지 않는가.

　사라져 가버린 사람과 운명, 이루어질 수 없던 사랑과도 같은 아련함이 내가 듣는 음악 속에 스며들어 있다. 낡고 오래된 추억이 슬그머니 노크한다. 이웃한 돌담 구멍으로 훔쳐보던 옛 친구의 얼굴이 고개를 든다. 콧대가 반듯하고 이마가 넓은 아이. 책보자기를 허리에 둘러매고 학교로 가는 골목길을 달려가던 아이. 가끔 짓궂게 놀리기도 하던 어린 시절 그 친구는 어디에서 무엇을 하며 세월을 건너고 있을까.

　추억을 먹고 사는 나이라는 말이 이렇듯 가슴에 와닿는 건 아마도 빗소리이거나 우수에 젖은 첼로의 울림이거나, 그리움이거나, 어쩌면 허무인지도….

정숙하고 진중하며 우수 어린 선율 '안단테 칸타빌레'.

이 저녁, 하루가 힘들었던 누군가의 퇴근길에 들려주고 싶다. 서두르지 말고 천천히 노래하듯이 걸어가시라고.

숲에서 봄의 연주를

　　　　　　　　　　비 개인 틈에 나선 모처럼의 나들이. 겨울을 건너온 숲은 연륜을 더하고 허물을 벗어버린 나무들이 묵묵히 서 있다. 허허로이 우뚝우뚝 선 나무들의 군집 속으로 걸어 들어갔다. 서어나무, 개서어나무, 낙엽수로 이루어진 숲은 잎이 돋기 전이라 삭막하면서도 거룩한 기운마저 감돈다. 일정한 거리를 두고 서 있는 나무들 사이사이로 안개가 내리고, 낙엽이 덮인 축축한 바닥에는 세복수초며 변산바람꽃, 노루귀들이 빼꼼히 눈을 뜨고 숲에 생기를 불어넣는다. 엄동설한에 어디에서 누구의 보살핌을 받다 왔는지, 그 작고 여린 몸이 환하게 피어나고 있다.

　하늘 향해 뻗어나간 나뭇가지 끝에 눈을 두니 무심히 흐르는 안개구름이 산산이 흩어진다. 넋을 놓고 바라보고 있자니,

마치 나무는 바이올린의 현이요 안개구름은 연주자의 손이 되어 봄의 소나타를 뜯는 듯 한가롭기 그지없다.

숲은 현란하게 연주하는 바이올린 연주자들을 초대한 것 같다. 음악회에 초대받은 듯이 땅 위로 툭 불거져 나와 굳어버린 뿌리 위에 살며시 걸터앉는다. 나뭇가지 사이사이로 바람이 스치며 가는 떨림이 느껴진다. 밝고 경쾌하게 연주되는 비발디의 '봄'이 스르르 흘러나온다.

비발디의 '봄'은 그가 작곡한 12개의 바이올린 협주곡 중 1번이다. 1번부터 4번까지 차례대로 봄 여름 가을 겨울의 제목이 붙은 '사계'이다. 비교적 대중적으로 널리 알려진 곡으로 누구든 한두 번은 들어봤을 곡이다.

"봄이 왔다. 작은 새들이 즐겁게 노래하며 봄에 인사한다. 서풍이 온화한 숨결로 불려 나오고, 시냇물이 상냥하게 말을 걸며 흐르기 시작한다. 그러다 하늘이 어두워지고, 천둥이 울리고 번개가 친다."라는 내용을 담았다. 봄을 반기는 새의 지저귐, 시냇물이 흘러가는 소리, 봄비와 봄을 시샘하듯 뒤이은 천둥과 번개가 생생하게 묘사되어 울려 퍼진다.

봄은 화르르 피어나는 꽃들과 새싹이 움트는 숲에서 리듬을 타고 기적처럼 온다. 나무 밑동을 타고 기어올라 꼭대기까지 영역을 넓힌 덩굴식물들은 작고 억센 발톱으로 나무줄기를 힘차게 붙들고 있다. 구멍 뚫린 나무줄기 속에는 어디서 날아왔는지 이름 모를 싹이 나오고, 굵은 나무줄기를 타고 나비 모양의 버섯도 촘촘히 세 들어 살고 있다. 숲에서 만나는 생명의 신비는 상생의 연주다.

숲의 연주를 들으며 내 인생의 봄날을 소환한다. 소중한 생명을 잉태하고 낳고 키우느라 나무의 뿌리처럼 끈질기게 버티며 바지런하게 살았던 시기였다. 지나간 그 봄도 내 인생의 한 번뿐인 봄이듯이 오는 봄도 그러하다. 우리의 영혼에 다시 한 켜의 나이테를 그리기 시작할 새로운 봄이다.

5월, 그 봄밤의 노래

　　　　　　　　　　누가 불러도 부르는 이의 감정이 뿜어져 나오는 노래가 있다. 모든 노래가 부르는 이에 따라 다르겠지만, 이 노래는 더욱 그렇게 매번 들려온다. 잘 부르든 못 부르든 가슴 깊은 곳에서 우러나오는 비애와 우수는 사람을 가리지 않는다.

　"연분홍 치마가 봄바람에 휘날리더라"로 시작되는 '봄날은 간다'는 1954년 대구 '유니버설레코드사'에서 가수 백설희가 발표한 이래 칠십여 년이 흐른 현재까지도 많은 이들이 애창하는 노래라고 한다. 내로라하는 가수들이 불렀고 노래 좀 한다 하는 배우들도 불렀다. 저마다의 사연이 있는 듯한 절창, 그들이 부르는 이 노래가 모두 다르게 들리는 이유다. 애절한 톤으로 들려오는 이 노래를 들을 때마다 나도 지나온 길을 돌아보며 가고 만, 아니면 기어이 가고야 마는 나의 봄날을 사색하고 잠시 애상에 머무른다.

내 나이 봄날이던 스물 언저리. 어두운 골목 어귀에서 기다리다, 집으로 가는 길이 무섭다며 데려다주던 정 많은 오빠. 눈이 커서 겁이 많은 거라며 놀려대고, 추운 겨울날이면 품속에서 꺼내 주던 군고구마의 그 온기가 오늘 다시 품속에서 따뜻하다. 오월 그 하루 목련꽃이 하염없이 하얗게 지던 날, 시퍼런 절망에 시름시름 앓다가 흔적도 없이 사라져 간 내 친구의 순정은 봄이면 다시 살아나는 슬픔이다.

온기로 저장된 따뜻하고 자꾸 돌아보게 되는 추억과 냉정하지만 슬픈 기억. 그 세월을 보내고 다시 지나며 오늘 다시 봄을 맞아 사랑이 있었고 또 고통도 있었던 그 뒤안길을 돌아본다. 밝고 눈부신 찬란한 봄날이어서, 영원할 것 같던 젊은 날이어서 그 빛이 바랜 뒤의 아려움은 어쩔 수 없다.

봄은 누구에게나 훈풍에 실은 꽃바람으로 왔다가 저마다의 사연으로 쓸쓸히 떠나는 모양이다. 은밀하게, 고독하게, 우아하게, 강렬하게 말이다.

N 시인은 아직도 '설렘'이 있냐고 내게 물었다. 평소 친분이 있어서, 내 나이를 알면서 지나가는 듯 던진 질문이다. 그 순간 "아! 나에게 정말 그 소녀 시절의 가슴 쿵쾅거리던 설렘이 남았는가?"를 스스로 물었다. 이 봄에 마음이 허허로운 것

도, 설령 잠깐일지언정 누군가 찾아올 것 같은 꿈을 꾸는 것도, 가는 봄이 아쉬운 것도, 다시 오는 봄을 기다리는 것도 설렘이 있기 때문이 아닌가. 피어나는 꽃 앞에서, 무더기로 떨어지는 봄꽃의 난무를 바라보며 사그라드는 나의 봄에 조심스레 불씨를 붙여본다.

5월도 중순을 넘어가는 초저녁. 아스라이 지는 석양빛이 너무 아름다워서 무언지 모를 슬픔이 가슴 밑바닥부터 차오른다.

"별이 뜨면 서로 웃고 별이 지면 서로 울던 실없는 그 기약에 봄날은 간다." 노래 한가락 불러야만 할 5월의 봄밤이 지나고 있다.

아! 커피

들어서자마자 커피향이 익숙하게 먼저 반긴다. 지나가는 길에 들렀으나 낯설지 않다. 엉성하다 못해 초라한 실내가 오래된 인연처럼 편안하다. 그럴듯한 장식 하나 없는 무채색의 벽과 로스팅 기구인 알루미늄 원형 통이 묘하게 잘 어울린다. 동쪽으로 난 창문은 이 저녁 회색 하늘과 나무 한 그루를 담아내고 있다. 그 아래는 '카라얀'의 흑백사진이 비스듬히 놓여 있다. 실내에 흐르는 음악이 클래식은 아니다. 어딘지 어설프면서도 차분한 분위기를 묘하게 흔드는 가볍고 발랄한 음악은 젊은 바리스타의 선택인 듯하다.

혀끝에 감겨드는 커피 맛이 산미가 깊고 묵직하다. 커피 한 모금을 음미하며 바라보는 유리창 너머로 만둣가게가 보인다.

반듯한 간판 없이 유리문에 하얀 페인트로 들쭉날쭉 쓴 글씨가 맛은 보장한다고 말하는 듯하다. 희미한 전등불 밑으로 사람의 실루엣이 찬찬히 움직인다. 소리를 듣지 못해도 바람결에 묻어와 스며드는 맛을 느낀다. 여름 소나기가 스르륵 지나가고 거리에는 자동차와 사람들이 간간이 지나간다. 여운을 적셔주는 커피는 깊다.

서두르지 않아도 되는 나이가 되어서 누리는 나태함은 아침을 깨우며 마시는 커피에 있다. 다만 저녁과 아침의 차이는 음악에서 나는 듯하다. 저녁에는 쇼팽이나 베토벤의 현악사중주, 피아노소나타 혹은 재즈를 듣는다면 아침을 여는 커피에는 바흐의 무반주 소나타가 답이다. 물론 나의 취향이요, 종종거리며 바쁘던 시절에는 엄두도 못 내던 호사다.

커피를 좋아해서 커피에 관한 이야기에 귀를 세운다. 숱한 예술가들이 남긴 일화는 흥미를 돋운다. '발자크'는 "커피가 위 속으로 떨어지면 모든 것이 술렁거리기 시작한다. 생각은 전쟁터의 기병대처럼 빠르게 움직이고, 기억은 기습하듯 살아난다. 작중 인물은 즉시 떠오르고 원고지는 잉크로 덮인다."라고 했다. 그는 다량의 커피를 마시며 많은 장편소설과 단편을 남겼고, '도스토예프스키'는 "내가 지금 한잔의 커피를 마실 수 있다면 세상이 어떻게 되든 상관없다."라고 했다. 집에 손님이 오면 커피 원두 육십 알을 세어서 커피를 내렸다고 하는 베토벤의 이야기는 그도 생활인이라는 친근함에 미소가 절로 번진다.

'바흐' 시대에도 커피하우스에 앉아 자신들의 예술적 구상과 토론을 하는 것이 유행이었다. 가정에서도 커피를 즐겼으며, 여러 커피하우스에는 커피와 담소를 즐기려는 사람들로 대성황을 이루었다. '바흐'는 '커피 칸타타'를 통하여 커피에 대한 그 시대의 반응을 음악적으로 풍자하고 있다. 원제는 '조용히! 말하지 말고…'이지만 배경이 커피에 관한 에피소드로 구성되어 있어 일명 '커피 칸타타'로 불린다.

커피를 너무나 좋아하는 딸과 그게 못마땅한 아버지. 커피에 푹 빠진 딸을 바라보며 아버지는 자식 낳아봐야 다 소용없다고 한탄한다. 그러나 딸은 "아, 커피의 맛은 얼마나 기가 막힌가! 천 번의 키스보다도 더 사랑스러우며 포도주보다도 달콤하다네. 내게 즐거움을 주려거든 제발 커피 한 잔을 따라줘요." 참다못한 아버지는 그렇게 커피만 찾으면 결혼을 시키지 않겠다고 으름장을 놓았고 딸은 굴복하고 만다. 하지만, 커피의 위력은 상상을 초월하는 법. 딸은 아버지 몰래 결혼계약서에 커피를 마음껏 마신다는 조항을 적어놓았고 결국 결혼과 함께 커피를 마음껏 마시는 자유를 얻게 된다.

"고양이가 쥐 잡는 걸 그만둘 수 없듯이 어여쁜 아가씨도 커피를 끊을 수 없네. 어머니도 한잔의 커피를 즐기고 할머니도 마찬가지인데 딸반 못 마시게 할 수는 없지!"

마지막 곡의 가사에서 커피를 즐기던 당시 분위기를 알 수 있지만, 커피를 마시는 건 개인의 선택이고 취향이란 이야기다. 이 나이에 세상 살아가는 낙을 하나 꼽으라면 맛있는 커피와 음악이다. 혼자서도 좋지만, 그 감흥을 지음(知音)과 함께 나누는 그 순간도 기쁨이 아닌가.

라면과 모차르트

　　　　　　　　　봄꽃 찬란한 이 계절에 하루걸러 내리는 비가 얄궂다. 봄바람에 흩날리는 벚꽃잎 맞으며 걷자는 약속은 취소되고 점심으로 양배추와 청양고추 송송 썰어 넣어 라면을 끓인다. 번거로운 준비 과정이 생략되었지만 나름 비 내리는 날의 특식이다. 여기에 음악을 곁들이면 아늑한 레스토랑에 못지않다 위로하며 모차르트를 찾는다.

　모차르트의 음악이 좋아지기 시작한 건 병원을 제집처럼 드나들던 남편을 보살피면서부터였다. 나의 모든 감각이 그를 향해 열려 있어야 했던 시기에 속으로 바싹바싹 타들어 가는 내 삭막한 정신을 위로해 주었던 선율이다.

　'포근한 산들바람'은 모차르트 오페라 '피가로의 결혼'에 나오는 이중창이다. 어느 악기보다 사람의 목소리가 아름답다는 걸 긍정하게 만드는 목소리가 울려 퍼진다. "포근한 산들바람이 오늘 밤 불어오네/숲의 소나무 아래 나머지는 그가 알거야/소리 맞춰 노래해 포근한 산들바람아"

문득 영화의 한 장면이 스쳐 지나간다.

고개를 들어 한 곳을 바라보는 죄수들의 눈빛에 의아스러움과 놀라움으로 가득하다. 음악을 들을 수 있다는 게 기적인 쇼생크 감옥에 마치 천상에서 내려오듯 잔잔히 퍼지는 음악이 모차르트의 이 곡이었다. 억울하게 살인 누명을 쓰고 감옥에 갇힌 주인공 '앤디'. 도서관 일을 하다 책갈피에서 모차르트의 음반을 발견하고 감옥에 갇힌 죄수들에게도 음악을 들을 권리가 있다고 생각해서 틀어준다.

바람기 많은 백작을 혼내주기 위해서 백작부인과 백작이 눈독 들이는 하녀가 합세하여 계략을 짜는 부분에서 부르는 아리아. 바람난 백작을 유혹해 내려는 내용이니 얼마나 감미로운 선율이겠는가. 이 곡을 처음 듣는 죄수들에게 아름다운 목소리로 들려주는 노래는 그들의 가슴을 정화하며 순간이나마 자유를 맛보게 하였을 것이다. 영화 '쇼생크 탈출'의 하이라이트였던 그 장면은 이 노래를 들을 때면 여지없이 떠오른다.

"노래가 아름다웠다. 말로 표현할 수 없었다. 꿈에서도 생각할 수 없는 높은 곳에서 아름다운 새가 날아가는 것 같았다. 벽들도 무너지고 그 짧은 순간에 쇼생크의 모두는 자유를 느졌다." 영화의 내레이션으로 깔리는 '레드'의 독백도 자유의지를 향한 울림으로 남아 있다.

지금 누군가는, "음악이 없는 인생은 한낱 실수일 뿐이다."라는 니체의 말에 공감하는 그 누군가는 이 순간에 어떤 음악이든 듣고 있을지도 모른다. 추적추적 내리는 비의 외로움도, 홀로 먹는 라면의 궁상맞음도 음악에 어우러지는 오후 한 시….

더할 나위 없다.

그래야만 하나? (Muss es sein)
그래야만 한다! (Es Muss Sein)

　　　　　　　　　　　　　산다는 건 무수한 질문과 답변
으로 이어지는 여정이다. 아침에 눈을 뜨면서부터 아주 사소
한 일상의 것들에서 시작하여 깊은 고민거리에 이르기까지. 자
신을 향한 무수한 질문과 답변은 나의 내면에서 움트고 자라
나기도 하고 사라지기도 한다. 노트북 자판을 두드리는 지금
도 이 고민은 나를 무겁게 누르고 있다. '써야만 하나?' 이 질
문은 늘 나의 꽁무니를 따라다닌다. 어차피 '그래야만 한다.'라
는 답이 따라 나오지만, 늘 도돌이표처럼 반복된다. 가벼이 결
정해야 하는 일들이 더 많은 삶이지만, 무겁고 고통스러운 결
정을 내려야 할 때도 더러 있게 마련이다.
　　'그래야만 하나?(muss es sein)' '그래야만 한다!(es muss sein)'
베토벤 현악사중주 제16번 F장조 작품135번 4악장에 '괴로워

하다가 간신히 굳힌 결심'이라는 표제가 있고, 두 개의 동기를 두고 각기 그 밑에 적혀 있다. 악보에 적혀 있는 이 글을 두고 여러 억측이 있다. 가정부와의 급료에 대한 설도 있고, 베토벤 친구였던 템프셔라는 사람이 연주용으로 사용하려고 "악보 좀 주게." 했더니 베토벤이 "돈을 내야지." 해서 템프셔가 "그래야만 하나?"라고 물었고 베토벤이 "그래야만 한다. 지갑을 열어라."고 하며 적었다는 얘기도 있다. 위대한 음악가인 베토벤이 이런 가벼운 고민을 적었을 리가 없다는 주장도 있지만, 손님이 오면 커피 원두를 세었을 정도로 철저한 생활인이었음을 감안한다면 충분히 이해가 가는 이야기다.

사실 이 4악장을 들으며 무언가 주고받는 느낌은 받았었지만, 위와 같은 내용이 있는지는 잘 몰랐었다. 밀란 쿤데라의 소설 『참을 수 없는 존재의 가벼움』을 읽으면서 비로소 알게 되었다. '그래야만 하나?' '그래야만 한다' 이 두 개의 동기는 소설 속에 등장해 주인공이 선택해야 하는 순간마다 중요한 지표로 작용한다. 선택은 해야만 하고, 삶의 가벼움과 무거움 사이의 긴장감을 강조하는 중요한 테마로 작용한다. 주인공 토마스의 뇌리에는 항상 이 마지막 악장에 적힌 두 문장이 맴돌고 있었다. 책임지지 않으려는 가벼운 사랑을 포장하는 자기식의 변명이 될 수도 있고, 무언가를 결정해야만 하는 중요한 순간에 떠오르는 무거운 의미가 될 수도 있다.

베토벤 생애 마지막 곡인 이 곡을 작곡한 때는 1826년. 그가 세상을 떠나기 6개월 전이었다. 그 해는 조카 '카알'로 인한 정신적 고통을 겪어야 했고, 건강은 날로 악화되어 죽음까지 각오할 정도가 되었다. 이러한 상황 속에서 쓴 이 곡은 낮고 느리고 음산한 서주로 시작한다. 이어서 비올라와 첼로가 '그래야만 하는가?'라고 무겁게 물으면 바이올린이 '그래야만 한다'라고 부드럽게 대답한다. 물음과 답변이 재현되며 부드럽게 흘러가다가 강렬하고 확고하지만 경쾌하게 마무리된다. 삶의 구속에서 벗어난 듯한 밝음과 깊은 통찰 그리고 종교적인 정화마저 느낄 수가 있다. 베토벤은 이 곡을 '휴식과 평화를 위한 달콤한 노래'라고 칭하였다. 자신의 마지막을 예견이라도 한 것인가. 그야말로 굴곡 많은 삶을 살아온 그가 삶은 고달팠으나 돌아보니 아름다웠다고. 지상을 떠나는 날, 한 점 먼지처럼 가벼워져야 한다고. 그래야만 한다고 전하는 것처럼 들린다.

    음악은 듣는 이의 마음에서 다시 태어나는 거라 생각한다. 지금 마지막 4악장이 내 방에 흐른다. 나는 느낀다. 여러 생각으로 나를 짓누르는 무거움이 가벼워지고 순수하고 맑은 영혼이 나를 흔드는 것을.

    '그래야만 하나?(muss es sein)' '그래야만 한다!(es muss sein)'

    지금 나는, 당신은, 우리는 무엇을 질문하고 답하며 살고 있는지….

음악은 때로는 고요한 바다

　　　　　　　　　　　하늘 가득 들어찬 잿빛이 싸락눈이라도 내리칠 듯 을씨년스럽다. 봄은 저만치서 느린 걸음으로 오고 있는지 아직도 춘삼월 바람살이 차다. 옷깃을 여미게 만드는 찬바람 속에서도 푸른 하늘의 끝자락이 미세하게 드러나기 시작한다. 가끔 하늘가로 날아오르는 새의 무리가 점을 찍으며 날아간다. 그 작은 점들이 고요한 하늘을 가르며 아스라이 사라진다.

　푸름과 잿빛이 윤슬로 빛나는 바다. 시시때때로 찾아오는 이 바다는 내 무의식의 세계에 저장된 어떤 매뉴얼이 나를 이끄는 듯하다. 스스로 가는 길이지만, 내면에 도사려 앉은 기억의 조각들이 바늘처럼 쪼아댈 때 그들을 만나러 온다.

　내 삶의 소소한 그리움들이 하나씩 떠오른다. 떠난 사람들,

지나간 시간, 되돌릴 수 없는 순간들이 떠오르며 나는 잠시 눈을 감는다. 어렴풋이 어둠 속에 떠오르는 잔상이 손짓한다. 눈을 뜬다. 안개 속에 잠긴 듯 흐릿한 시야에 남아 있는 한 점 푸른빛이 둥둥 떠다닌다. 마치 애잔하면서 부드러운 선율로 흐르는 브람스의 음악처럼.

가슴 깊이 감아드는 그 안에서 나 자신을 마주한다. 차가운 공기 속에서 울려 퍼지는 음표들이 마치 삶의 쓸쓸함을 담고 있는 듯하다. 그러나, 그 음들은 단지 슬픔만을 말하지 않는다. 그 속에는 따스한 숨결로 감싸는 듯한 위안이 숨어 있다.

'브람스 교향곡 3번 3악장'의 음률 속으로 나도 함께 흐르며 깊은 내면을 들여다본다. 그 안에서 발견하는 나의 가장 깊은 감정들은 우수에 잠긴 침묵이다. 어떤 감정은 말로 다 표현할 수 없기에, 그 모든 감정이 교차하는 순간, 나는 음악 속에서 하나의 이야기를 읽는다.

그리움과 고독, 그 안에 감추어진 슬픔과 희망. 이 모든 것이 음악을 통해 나에게 속삭인다. 강렬한 기쁨도, 깊은 슬픔도 아닌, 다만 애잔하고 조용히. 눈을 감고 울림을 주는 그 속에 나는 있다. 나의 숨결이 서정적이고 깊은 슬픔을 동반한 그 속에서 바람결에 일렁이는 물비늘처럼 막혔던 마음이 부드럽게 풀어진다. 음악이 내 마음을 더 깊이 이해하고, 또 나를 위로해주는 까닭이다. 그리움과 함께, 이 세상에서 어떻게 살아가야 하는지에 대한 물음도 함께 떠오르면서.

'포코 알레그레토(Poco Allegretto)'의 템포로 이어지는 C단조 악장인 3악장은 현악기와 목관악기가 서로 어우러지며 화음을 이룬다. 현악기는 고요하면서도 섬세하게 내적인 깊이를 더하며, 목관악기는 짙은 애수의 그림자를 드리우며 진중하다.

하늘가로 날아간 작은 새들처럼 소리는 허공에서 사라져 버린다. 나는 잊고 있던 감정들을 다시 떠올리고, 그리움과 슬픔을 다시금 마주한다. 아련하고 복잡한 감정들이 얽히고 마음속 깊이 여운으로 흐르지만, 내 영혼은 고요한 바다 위로 가벼이 날아오른다.

＊제목 '음악은 때로는 고요한 바다'는 보들레르의 詩에서 인용.

겨울 나그네

눈이 내린다. 어제와는 다르게 곤두박질한 한겨울 추위에 입춘 절기가 무색하다. 유리창으로 내다보는 허공은 눈안개로 가득하다. 문을 열고 창밖을 내다본다. 하얀 꽃잎 같은 눈이 머리 위로 내려앉는다. 내뿜는 하얀 입김이 내리는 눈 사이로 섞인다. 하얗게 얼어붙었던 아파트 앞 도로도 자동차가 하나둘 다니면서 녹기 시작한다. 출근을 서두른다.

자동차 시동을 걸면 늘 하던 대로 음악이 흘러나온다. 어제 듣던 그 뒤로 이어지는 슈베르트의 '겨울 나그네'. 겨울이 오면 꼭 들어야 할 것만 같은 쓸쓸하기 이를 데 없는 애잔함은 예나 지금이나 마찬가지다. 눈송이는 팔랑거리며 시나브로 떨어져 차창에 무늬를 그리고, '겨울 나그네'는 하염없이 내 안으로 걸어와 사유들 속에서 나의 방황을 재촉한다.

'슈베르트'의 가곡집 '겨울 나그네'는 독일 시인 '빌헬름 뮐러'의 시 24편에 곡을 붙여서 1827년에 완성되었다. 내용은 사랑에 실패한 한 청년이 삶의 희망을 잃고 끝없는 겨울 나그네 길을 떠나면서 겪는 갖가지 괴로운 체험을 노래한다. 사랑을 잃고 길을 떠난 나그네의 절망과 상실감이 애처롭게 묘사되어 어느 곡에서나 실연의 괴로움이 고여 있다.

나그네의 여정에는 발길 닿는 곳마다 삶의 아름다운 풍경이 펼쳐지나 그건 단지 눈에 보이는 현상일 뿐 마음은 더욱 고독하다. 실연의 아픔을 겪은 누군가는 이 나그네의 심정을 알 것도 같지만, 죽을 것 같은 사랑을 꿈꾸기만 하던 나는 그저 나그네의 투명한 허무 속으로 들어간다. 시냇가를 거닐면서도 얼어붙은 듯 물소리는 들리지 않고, 나뭇가지에 잎 하나도 한겨울 추위 속에서 흔들리지 않는다. 애달픈 목소리에 실려 오는 노래는 바람 소리도 개의 사슬도 거리의 악사가 울려주는 라이어의 소리도 이미 나그네 마음의 소리를 대신 들려줄 뿐이다.

겨울, 그 쓸쓸한 풍경 위로 하얀 눈이 내리면 세상은 잠시 멈춘 듯 고요해진다. 나의 일터인 '시 공원'에도 눈이 하얗다. 발을 내디딜 때마다 '뽀드득 뽀드득' 스타카토로 연주한다. 가벼이 허공을 날아다니며 빙글빙글 춤추다 내려앉는 눈송이. 오

종종 꽃눈 틔운 매화나무의 마른 가지 위로, 지난가을을 품은 억새 위로, 서둘러 얼굴을 내민 광대나물 분홍꽃 위로 그 찰나적 영혼과 몸을 맡긴다. 저마다 다른 모양이지만 순백색으로 내려와서는 결국 지상에서 사라진다. 마치 잡을 수 없이 지나가 버리는 순간처럼 존재의 덧없음이 이 풍경에 스며 있다.

겨울 나그네가 되어 떠나고 싶다. 일상의 틈을 타 기차를 타고 무작정 떠나고 싶은 간절함은 어떤 조바심에서 오는 것인지도 모르겠다. 상투적인 생각이라 할지라도 이 순백색의 겨울을 몇 번이나 만날 것인가. 하는 나를 향한 물음이 그를 더욱 부추기는 것이다. 하얗게 뿜어대는 목쉰 기적에 실려 뻗어나가는 길과 길 사이. 산과 산 어느 골짜기. 낮은 지붕이 다닥다닥 보이는 마을이거나 헐벗은 나무들이 줄지어 서 있는 어느 들길을 만나며. 겨울 서정 그 청아한 숨결을 느끼며 쓸쓸하나 행복한 나그네….

"국경의 긴 터널을 빠져나오자, 눈의 고장이었다. 밤의 밑바닥이 하얘졌다. 신호소에 기차가 멈춰 섰다." 『설국』의 첫 문장이 다시 내 가슴을 긁적인다. 소녀 때 나에게 다가와 내 가슴속 눈 내리는 영토로 남아서 겨울이면 자꾸 그곳으로 불러들인다. 백색의 순수에 내 가난한 넋을 맡기고 나는 기차가 멈춘 신호소에 서 있다. 겨울 나그네가 되어서.

그 조용한 중간 악장에서

한가한 오후. 커피 한 잔과 함께 나만의 시간을 그윽하게 만들어주는 선율은 베토벤 피아노 협주곡 5번 2악장이다. 차분히 다가와 고아하고 부드러운 하모니로 공간을 가득 채운다.

'피아노협주곡 5번 E플랫 장조 op 73'은 베토벤이 1809년에 쓴 곡이다. 고전주의의 틀을 유지하면서도 낭만주의적 개성이 넘친다는 평을 들었다는 작품이다. 베토벤이 청력을 상실해 갈 무렵이었음에도 강렬한 생명력과 웅장한 스케일로 연주돼 지금까지도 사랑과 경탄이 이어지는 대작으로 불린다.

이 곡을 처음 들은 건 이십 대의 어느 날 라디오에서였다. 음질이 그리 좋았던 것도 아닌데 1악장을 시작할 때 관현악이 '빰' 하고 터지는 그 장대함에 뒤이어 피아노의 화려한 카덴차가 이어지는데 나도 모르게 매료되었다. 그 순간에 접한 감동은 무어라 형용할 수가 없다. 대범함과 고독함, 장대함과 화려함이 설명할 수 없는 울림으로 나의 가슴을 열었다.

음악을 듣는다는 건 나도 모르게 이어지는 어떤 인연이 생기는 일인 듯싶다. 이 곡이 어떤 배경과 상황에서 쓰였는지 듣는 이에겐 그리 중요하지 않지만, 음악을 듣다 보면 저절로 그 배경이 궁금해진다. 세세하게 알고 들어도 좋지만, 오케스트라와 피아노가 교차하며 드라마틱하게 전개되는 선율에 취하면 어렴풋이 느끼게 된다, 장대하고 화려한 선율이 마치 황제가 대관식을 치르는 듯한 고귀한 분위기를 연출한다는 것을.

베토벤은 이 곡에서 피아노와 오케스트라를 대등한 입장에서 대화하게 한다. 곡은 일방적이지 않고, 대화하는 듯 긴장과 해소를 통해 음악적 풍요로움을 더한다.

고함이라도 질러서 무언가 해소하고 싶어도 감히 그러지 못할 때는 1악장부터, 따뜻한 차 한잔에 쉬고 싶을 때는 2악장을 듣는다. 평화롭고 명상적인 분위기로, 앞선 1악장의 장엄함과 극명한 대비를 이룬다. 밤하늘에 펼쳐지는 내면의 사색처럼 속삭이듯 풀어내는 섬세한 선율은 깊고 아름답다. 3악장은 조용히 이어지며 시작되지만, 곧 경쾌하고 활기찬 론도 형식으로 전환된다. 피아노는 민첩하고 힘차며, 승리감 넘치는 결말로 달려간다. 위엄과 자유, 이상을 향한 인간 정신의 승리를 음악으로 표출해 낸 이 곡에 '황제'라는 별칭이 왜 붙여졌는지를 공감하게 된다.

이제 내 곁에 없는 남편이랑 만나고 있을 때였다. 아직은 낯설지만 무언가 울림의 파동이 내게로 밀려오려 할 즈음이었다. 그에게 이 음반을 선물했고, 그는 미소로 받아주었다. 음악은 종종 말보다 앞서 닿는다는 생각에서 한 선물이었다. 그가 떠나고 난 뒤에 책장과 상자에 쌓여 있던 책과 소지품을 정리하며 포장도 뜯지 않은 채 보관해 둔 CD를 발견하고 나서 알았다. 서로 속속들이 아는 듯하여도 공감할 수 없는 부분은 존재한다는 것을. 그가 뜬금없는 선물이라고 생각했을 수도 있었겠다, 라고 뒤늦게 알았으나 내가 좋아하는 것을 함께하면 좋겠다는 생각을 받아준 것이라 위안을 삼았다.

이 곡을 들을 때면 포장도 뜯지 않은 그 음반이 자꾸 떠오른다. 사람도, 사랑도 이미 떠나갔건만, 아직도 가끔 꿈틀거리는 기억의 심연을 비추는 거울처럼, 나를 감싸는 피아노 선율처럼 조용히 미련으로 살아 숨 쉰다.

창문을 살짝 연다. 바람이 살포시 들어온다. 음악이 끝나고, 따스한 온기에 묻어온 것은 다시 아쉬우면서도 몹시 그리운 기억이다. 베토벤과 함께 그 중간 악장의 사색 속으로 빠져들어 간다.

여름 바다에서 멘델스존을 듣다

　　　　　　　　　　불볕더위 찜통더위 숨이 턱턱
막히는 더위. 이 더위를 어떻게 날려버려야 하나. 밖으로 나가
냉방이 잘 된 카페에 앉아 차 한 잔 시켜 놓고 책을 보거나 노
트북을 펼쳐놓고 글을 쓰는 젊은이의 이른바 '커피 피서법'을
따라 하고 싶다가도 그도 탐탁지 않아 거둔다. 그런 카페는 젊
은이의 취향에 따라 음악이 흐를 것이고. 나는 그것에 맞출 만
큼 너그럽지 못하니 그 분위기에 질려버릴 게 뻔하다. 그렇다
고 에어컨을 켜놓고 집 안에서 소일하자니 혼자 소비하는 전
기가 아까워 이것도 마뜩잖다.

　유난히 더위를 타는지라 이래저래 이걸 피할 궁리를 하다
언젠가 읽었던 조선 후기의 실학자 정약용의 '소서팔사(消暑八
事)'를 문득 떠올린다. 그의 피서법은 단순히 몸을 식히는 데 그

치지 않고, 더위를 대하는 태도에 대한 사색이 담겨 있다.

정약용은 강진 유배 시절, 땀과 고독 속에서 여덟 가지 피서법을 기록했다. 이를테면 냇가에서 빨래를 헹구고, 시원한 그늘에서 책을 읽으며, 아들과 장기 두기를 즐긴다. 또 대청에 누워 세상사를 멀리하고, 이따금 하늘을 바라보며 시를 읊는다. 어느 하나 비법이랄 것 없는 일상이나, 그 속에는 자연과 더불어 살아가는 삶의 미학이 배어 있다. 그 시대의 피서법을 이 공해에 찌든 현대에 따라하기란 쉽지 않다. 손부채 하나로 마음의 더위까지 식힌다는 그의 자세는, 학자다운 여유와 더위에 대한 인식과 통찰을 일깨운다.

아무래도 피서는 내가 선택하여 행하는 방법이 최선이다. 정약용의 피서법을 나만의 해석으로 흉내를 내보자. 고즈넉한 어디에서 창문 너머 바람 소리에 귀 기울이는 한가함으로. 창 가득 바다가 들어오는 어느 카페에 앉아 좋아하는 음악을 들으며 나를 돌아보는 여유를 만끽함으로. 울울창창한 숲길을 걸으며 고요한 시간의 세례를 받으면서.

그럴듯한 사유를 목록에 적어넣으며 혼자만의 길을 나섰다. 혼자 떠나온 길은 시간이나 장소, 만나는 사람 등 어떤 제약도 없기에 홀가분하다. 멈추고 싶을 때 머물고, 떠나고 싶을 때 떠난다. 바다로 가든 산으로 가든, 검은 담벼락에 핀 능소화의 고운 자태에 끌려 골목길을 서성이든, 마음이 이끄는 데로 어디든 열려 있다.

　태양이 이울어 가는 시간, 차를 몰다가 그 황홀함에 멈추었다. 한여름의 해안은 시간의 경계를 허물어버린다. 해는 서녘 하늘에서 서서히 햇살을 접어 귀가를 서두르건만, 수영하는 이들은 시간을 잊은 듯하다. 싱싱하게 퍼덕이는 그들의 열정이 초저녁 바다 위에 넘실거린다. 그에 홀린 듯이 바닷가로 내려간다. 바지를 걷어 올리고 맨발로 모래 위를 걷는다. 발가락 사이를 간질거리는 모래알의 감촉이 발랄하다. 언제 적 느낌인가. 맨발로 백사장을 걸어본 지도 까마득한 옛 추억이나 그때 느꼈던 감각이 아직 살아 있다는 게 더 신기하다. 발끝에서부터 차오르는 순수의 열기로 온몸이 뜨거워진다. 저무는 햇살이 낭만에 빠진 내 얼굴에 마법의 빛을 드리운다.

　바다는 그 모든 빛을 끌어안고서 쉼 없이 밀려왔다 밀려간다. 나는 파도 소리에 귀를 열고 눈을 감는다. 비릿하고 짠내 가득한 여름 바다의 성찬 위로 음악이 들려온다. 여행자의 내면을 담은 듯한 현악기의 물결이 인다. 잔잔하게 시작하는 선율은 여름날 아침의 바다를 연상시킨다. 햇살을 뿌려놓은 물결은 숨을 쉬듯 출렁인다. 잠시 멈춘 듯 고요하다가 어느 순간 음악은 점점 거세진다. 시원하고 거침없다. 자연의 거친 숨결이 느껴진다.

　멘델스존의 '핑갈의 동굴'은 바다가 품은 오묘한 생명의 소리를 동시에 껴안는 서사다. 이 곡은 생활 전선에서 바쁘던 시절에 고단했던 하루의 끝자락을 달래주었었다. 온몸이 땀범벅이 되어도 덥다는 의식조차 사치이던 그때, 망망대해를 항해하는 듯한 해방감으로 멀고 먼 여행을 떠나는 상상만으로도 유쾌할 수 있었다.

    차창에 기대어 사그라드는 노을의 향연을 바라보며 그 곡을 듣는다. 이 여름 저녁과 저 청춘들과 거침없이 흘러가는 나 자신에게 넘치는 술잔을 들어 건배하며. 정약용이 손부채 하나로 마음을 식히던 그 여름처럼, 내게는 자유로움과 은빛 파도 소리와 음악과 그 여름날의 기억으로 충만하다.

    다시 오는 어느 여름날에도 나는 이 곡을 다시 들을 수 있겠지. 이 여름 힘겨워하는 누군가에게도 들려주고 싶다.

제5부

사랑하는 당신에게

가장 소중한 것은 눈에 보이지 않아

　　　　　　　　　　　수요일은 직장에 나가는 딸의 휴무일이다. 이날만큼은 시간을 비워두려고 미리 일정을 짜둔다. 살림하랴, 아이들 돌보랴, 직장 일하랴, 피로가 쌓인 딸이 원하는 데로 어디든 가려고 한다. 평소에 딸의 집안일을 도와주지 못하는 엄마의 보상 심리랄까. 가끔 반찬이나 김치를 만들어 줄 수는 있겠지만, 딸이 바쁘다고 살림을 대신해 주지는 못한다. 살림은 가정을 꾸려나가는 본인들의 몫이니 부부가 공동으로 하면 된다는 게 내 생각인데, 아이들도 당연한 거라며 받아들인다.

　　푸르고 상큼하니 날씨가 좋아서 오름에 가기로 한다. 오후 2시쯤 학교 수업이 끝나는 둘째 손녀의 시간에 맞추어 서귀포와 가까운 '단산오름'을 택하고 서쪽으로 차를 몰았다. 엊그제

까지만 해도 습한 기운이 물러날 줄을 몰랐는데, 오늘은 전형적인 여름 날씨다. 푸르고 열기가 느껴지는 바람이 심신의 긴장을 누그러뜨린다. 나이에 따라 계절에 대한 감각이 변하는 건지, 젊은 시절에는 춥고 바람 불고 눈이 펑펑 쏟아지는 날을 좋아했다. 내 젊음의 외침이었을까. 나타샤를 사랑한 백석이 그 사랑으로 '눈이 푹푹 나린다'라고 했던 설경에 마음을 가누었다.

오름으로 가는 길은 경사진 돌길이다. 길이 가팔라서 서서 걷는다기보다 기어서 오르는 꼴이다. 흡사 거북이가 기어가는 모습을 연상시킨다. 서두를 일 없이 천천히 오른다. "엄마가 나보다 더 잘 올라감수다!" 딸의 응원에 힘든 기색 없이 다리에 힘을 주고 균형을 잡는다. 오르막길이 그리 어렵지 않다고 스스로를 다독이는 건, 사는 데가 4층이라 계단을 오르내리며 단련된 덕분이다.

드디어 정상, 기분 좋을 정도로 숨이 차고 땀이 송송 맺힌다. 가벼이 얼굴을 만지는 바람은 부드럽고 시야는 탁 트였다. 이 오름은 침식 작용으로 분화구의 일부만 남아 있어 독특한 지형을 형성하고 있다. 양쪽으로 솟아오른 봉우리가 박쥐가 날개를 편 모습과 흡사하여 바굼지오름이라고도 부른다.

가파른 길을 숨이 차오르게 오른 후에 맞닥뜨리는 탁 트인 전경이 우리 앞에 있다. 바위에 기대어 멀리 내려다보니, 마치

선계에 서 있는 듯 유유자적함이 솟아나고 부러울 게 없다. 희미한 연무가 드리워져 하늘과 바다와 육지의 경계가 모호하다. 형제섬은 굵은 붓질 한 번으로 그려 낸 수묵화 같다. 정갈하고 흔들림이 없다. 그 정경을 묵묵히 바라보는 딸의 표정이 편안하다. 직장에서 컴퓨터와 숫자 싸움을 벌이고 고객들과 가끔 실랑이하더라도 이 순간만은 일상의 고달픔을 날려버리고 저 드넓고 푸릇한 정경으로 채색할 수 있기를 바라며 그 모습을 사진에 담는다.

"엄마, 어린 왕자 같아." 바위 위에 앉은 나를 사진에 담으며 툭 던진다. 하얀 머리카락 날리며 무심히 앉아 있다가 그 한마디에 과거로 직행한다. 어린 왕자. 이십 대 초반에 가슴을 적시며 탐독했던 그 작은 책. 조그맣고 가녀린 몸으로 조용히 한 행성을 지키던 아이, 매일 화산을 정리하고 장미꽃을 돌보며, 해질 무렵이면 의자를 이리저리 옮겨가며 하루에도 몇 번씩 해를 바라보던 그 아이. '생텍쥐페리'가 어른들이 잃어버린 순수함과 상상력의 소중함을 아름답게 그려낸 이야기. 사랑과 우정, 외로움, 그리고 진정으로 중요한 것들에 대한 깊은 성찰로 감동을 주었던 그 어린 왕자를, 딸이 이 오름 위로 불러온 것이다.

숱한 세월을 보낸 지금에야 어쩌면 알 것 같다. "가장 중요한 것은 눈에 보이지 않아." 이 말이 젊은 날에는 그저 하나의 잠언으로만 여겨졌다. 아이를 낳아 기르고, 분가시키고, 다시 그 아이의 아이를 돌보며 사계절을 몇 바퀴나 도는 동안, 그 말은 내 안에서 천천히 익어갔다. 오늘 오름 위에서 부는 바람, 땀이 맺힌 얼굴을 스치고 지나가는 순간, 내가 딸을 위해 내준 시간을 채우며 말없이 곁을 내주는 딸의 존재. 우리가 회상하고 다짐할 수많은 이야기는 굳이 말이 필요치 않다. 그것이야말로 눈에 보이지 않는 곳에 고이 간직된 딸과 나의 인생에서 가장 소중한 것들이 아닐까.

매일의 소박한 반복 속에서 함께 시간을 나눈다는 것, 그 평범함 속에 숨어 있다. 내가 어린 왕자처럼 한평생 지켜온 나의 작은 별은 나의 아이들이었고, 계절마다 다르게 펼쳐지는 이 자연이었고, 수요일이라는 오늘 하루였다는 것을.

지금 바로 떠나라! 당신의 방으로

9월 중순. 하늘은 드높아져 푸르름에 눈이 시리나 날씨는 여름을 벗어나지 못했다. 서늘한 바람 한 줄기 머릿결을 쓰다듬어 주기를 바라건만, 거리에 나서서 몇 걸음 걸으면 낯은 뜨겁고 등에선 땀이 흐른다. 이 치열한 햇빛 속을 시원하게 활보하는 젊은이들은 아랑곳없는 표정이다. 그 발랄함 위로 빛이 너울거린다.

걷는다는 것에 대해 나는 늘 망설이면서도 늘 원한다. 하루의 산책자가 되어 거리를 유랑하는 건 내가 그 속으로 들어가 하나가 되는 일이다. 거리로 나가는 순간 여행은 시작되는 것. 이 즐겁고 환희에 찬 기분을 매 순간 기대했건만, 올여름에는 포기하고 말았다.

집 안에서 에어컨을 켰다가 선풍기를 돌렸다가 하며 이 책

저 책 들춰보거나. 책상 앞에 앉아 노트북을 펼쳐놓고 떠오르지 않는 문장들을 생각하며 멍때리고 있거나. 이미 식어버린 커피를 다시 뜨겁게 데워서 마셔야 하나… 등등의 한심한 저울질을 하며 생각과 행동의 틈새에서 마냥 오락가락이다. 그러다가 책장 구석에서 눈에 띈 책 한 권. 코로나19가 한창이던 때에 구매한 프랑스 작가 '그자비에 드 메스트르'(1763~1852)의 『내 방 여행하는 법』이다. 그 당시 병원을 오가며 여행은 꿈도 꾸지 못하던 시기였다. 하얀 병실 벽을 바라보면서 단풍 물든 가을산을 오르는 상상으로 어둡고 고단한 시간을 메꾸고 있었다.

> 그러지 말고, 떠나자. 나와 함께 가자! 아픈 사랑과 무심한 우정에 홀로 방구석에 처박힌 그대여, 보잘것없는 헛된 세상사를 털어 버리고 떠나자!
>
> \- 내 방 여행하는 법, 16쪽

내 앞에서 누군가 이렇게 외친다면, 마음이 들썩거리지 않겠는가. 짙푸른 하늘에는 뭉게구름이 피어오르고 멀리 한라산 정은 가을이 오고 있다고 손짓한다. 녹여버릴 듯 내리쬐는 강렬한 햇볕은 집 밖을 나서기 전에는 그저 찬란함이다. 그러니 떠나자는 유혹의 부름에 응하지 않을 자 누가 있을까. 대체 어디로 떠나라는 것일까. 저자는 '내 방 여행하기'를 제안한다. 여행이라면 일단 집에서 멀리 떠나는 것을 전제로 하는데 내 방으로 여행을 가라니. 이 무슨 황당한 소리인가.

'그자비에 드 메스트르'는 1790년 한 장교와 법으로 금지된 결투를 벌이고 42일 동안 가택 연금을 선고받는다. 이 책은 가택 연금 기간 중 자기 방에서 써 내려간 기록이다. 그는 자신의 상황을 한탄하지 않고 발상의 전환을 택한다. 코로나 팬데믹 시절 이 책을 읽으며 솔직하고 유머러스하며 상상적이며 명상적인 이 작가에게 이끌렸다. 내 방을 둘러보며 과거에 다녀왔던 여행의 흔적에서 여행의 즐거움에 젖을 수 있었으므로 가을 여행은 포기하였으나 또 다른 정신의 출구를 찾아 떠났었다.

저자는 책을 보다가 정신이 다른 데 팔려 무엇을 읽었는지 모를 때, 무한상상을 펼치며 영혼은 여행을 떠난 것이라 말한다. "물질에서 벗어나 영혼이 언제든 홀로 여행할 수 있다면 그것은 바람직하고도 유용한 일이다."(37쪽) 나도 때때로 이런 경험을 했고 지금도 가끔 그럴 때가 있다. 책을 읽다가 불현듯 떠오르는 어떤 생각에 사로잡혀 눈은 활자를 쫓고 있어도 정신(영혼)은 그 생각을 따라간다. 몸은 책을 보고 정신은 딴청을 피우는 것. 그게 여행이라 말한다. 그러하다면 나는 언제나 마음만 먹으면 돈 한 푼 들이지 않고 여행을 할 수 있음이다. 벽에 걸린 그림, 어느 날 입었던 스웨터, 오래된 마른 꽃들, 흑백사진, 도자기, 레코드, 하얀 침구 등등 모두가 나의 상상을 이끌어가는 매혹적인 여행지가 되는 것이므로.

감금된 상태에서 저자는 너무나 지루하고 심심한 나머지, 누구도 생각하지 못한 '내 방 여행하는 법'을 고안해 낸 것이리라. 해박한 지식과 어린아이 같은 순수한 상상의 힘으로 인간이 자유로울 수 있음을 보여준 '그자비에 드 메스트르'. 가택 연금에서 풀려나는 여행의 마지막 날, 그는 이렇게 쓴다. "그들은 내게 어떤 곳도 가지 못하도록 했다. 대신 그들은 내게 이 우주 전체를 남겨놓았다. 무한한 공간과 영원한 시간이 내 뜻에 좌우되었다. 오늘 나는 자유다. 아니 다시 철창 안으로 들어간다. 일상의 멍에가 다시 나를 짓누를 것이다."(184쪽)

"오늘 나는 자유다."를 외치며 일상으로 돌아가는 것을 "다시 철창 안으로 들어간다."는 17세기 프랑스 남자가 알려주는 이 여행. 마음만 먹으면 상상의 나래를 따라 걸리지 않는 바람처럼, 일상의 멍에를 내려놓고 떠날 수 있는 여행이라면, 마다할 이유가 없지 않겠는가. 지금 바로 떠날 수 있는 이 매력적인 여행을…!

사랑하였으므로 행복하였네라

　　　　　　　　　　통영 문학탐방 길에 들른 청마 유치환 기념관. 복원해 놓은 생가에서 동행한 수필가 O선생이 "나는 청마, 너는 정운이 되어 사진이나 찍자."라며 문지방에 앉는다. 그래, 오천 통의 연애편지를 받은 정운이 되어 보자며 두 여자가 웃으며 한 컷의 추억을 남긴다. 청마가 정운 이영도에게 보낸 편지를 엮은 서간집을 읽다가 그의 부인을 생각하니 화가 나서 책을 덮어버렸다는 O선생이다. 남편의 사랑을 오롯이 부여받은 그녀에게는 당연한 반응이다.

　　청마는 부인이 마련해 준 작업실인 영산장에서 애끓는 편지를 써서 중앙동 우체국으로 가서 부쳤다. 한 남자에게서 애틋하고 피 끓는 연서를 날마다 받는다면 마음이 동하지 않으려야 않을 수 없지 않은가. 그럼에도 현실의 벽은 너무 높아 넘지 못했다고 하였지만 그 사랑의 속을 빤히 들여다보지 않은 바에야 장담할 수 없는 노릇이다.

　스물아홉 청상과부 이영도와 청마 유치환의 애틋한 사랑을 지고지순한 사랑이라 해야 할까, 불륜이라 해야 할까. 설왕설래 따져보지만, 결론이 나지 않는다. 사랑의 편지를 날마다 쓰며 밤을 새우는 남편을 바라보는 아내의 마음은 어떠하였을까. 청마는 아내와 만났을 때도 수많은 연서를 보냈고 또 다른 여인 반희정에게도 오 년 동안 편지를 보냈다. 이영도는 청마에게 받은 편지를 모아 그가 사망한 한 달 후에 『사랑하였으므로 행복하였네라』란 서간집을 펴냈다. 돈벌이 속이란 비난이 쏟아지자, 그녀는 자신이 서간집을 내지 않으면 다른 여자가 먼저 낼지 모르기 때문이라고 했다. 그로부터 3년 후에 반희정이란 여인이 58년부터 63년까지 청마로부터 받은 편지로 『청마와 사색의 그림자들』이란 책을 펴냈다.

　정신적인 사랑이라 하여도 여러 명의 여인에게 연서를 보내며 사랑을 구한 바람둥이 청마. 그의 뒤에서 묵묵히 내조했던 아내 권재순. 그녀는 청마의 예술을 지원하는 든든한 후원자였고 어느 여인보다 그를 사랑한 여인이라 생각된다. 청마와 정운의 사랑이 유지될 수 있었던 것도 아내의 하해와 같은 포용이 없었으면 불가능하지 않았을까.

"사랑하였으므로

나는 진정 행복하였네라"

나의 낭송 단골 시 '행복'의 마지막 구절을 읊조린다. 모두를 포용할 수 있었던 청마의 아내 권재순의 마음이 이러하였으리라… 여기며.

해바라기는 언제나 환하다

               내가 언제부터 해바라기를 좋아했는지는 뚜렷한 기억이 없다. 어쩌면, 칠십 년대 은행에서 나눠주던 달력 속 명화들에서 해바라기 그림을 접하고 이글이글 타는 듯한 노란 꽃잎에 반했는지도 모르겠다.

　해를 향하여 피는 꽃. 태양을 향한 강한 집념으로 태양과의 거리를 좁히며 살던 곳을 옮겨 다닌 고흐의 꽃. 그는 남프랑스 아를에서 자신을 닮은 해바라기를 그리기 시작한다. 그럴듯한 화집도 아닌 달력에서 처음으로 고흐의 해바라기 그림을 접하고 나서 여러 편의 작품이 더 있다는 것을 알았다. 그가 남긴 해바라기 작품을 찾아보며, 한 작품씩 볼 때는 같아 보이는 그림들인데 서로 무엇이 다른지 비교하며 빠져들었다. 아마 가지 못한 길에 대한 동경이거나 순수한 열정이 아니었나 싶다.

"천경자만큼 되지 못할 거면 꿈도 꾸지 말아라." 어느 날, 아버지의 강한 한마디에 미대생이 되리라던 열여섯 나의 꿈은 맥없이 사그라져 버렸다. 당시 한국을 대표하는 최고의 여류 화가를 기준으로, 아직 걸음마도 떼지 못한 딸의 꿈을 접게 하는 일이 가난했던 아버지로선 어쩔 수 없는 모진 선택이었을 것이다. 그 마음을 알기까지 서운함은 긴 시간 나를 괴롭혔다. 그림에 대한 미련으로 캔버스가 아닌 스케치북에 파스텔과 수채물감으로 그림을 그렸다. 직장을 다니면서 월급을 받으면 화집을 샀고, 각종 잡지에 소개된 그림들을 스크랩했다. 그 당시 제주에서는 그림 전시를 볼 기회도 없었고, 설령 있었다 하더라도 쉽게 갈 수 없었다. 가지 못하는 전시회를 상상만 하며 복사본 작품에서 즐거움을 찾던 시절이었다.

살아오면서 그때만큼 열정을 다하여 그림을 보고 책을 읽으며 갈증을 달래던 때가 있었나 싶다. 그 시절도 물 흐르듯 지나가고, 그 이후론 먹고살기에 바빠 습작 삼아 그리는 그림도 사치로 여겨져 그만 접었다. 그 안타까움은 마음 한 귀퉁이에 덩어리져 있었지만, 나를 달랠 수 있었던 건 '좋아한다고 그게 나의 재능일 수 없다.'라는 위로였다.

작년 이맘때 지인인 K에게서 전시회 초대를 받았다. 언제 그림을 그려서 전시회를 여는가 싶어 궁금했고 놀라웠다. 그런 나를 충분히 이해한다는 듯 K는 입을 열었다. 어릴 적부터 그림 그리는 것을 좋아했지만 전문적인 교육을 받은 적은 없고 다만 꾸준히 그렸다는 K. 혼자서 즐기는 놀이처럼 꽃이 피면 그렸고 꽃이 져도 그렸으며, 아이를 키우면서 잠시 틈나는 시간에 일상의 느낌을 그렸고, 귤밭에서 일하다가 작은 풀꽃을 보면 가슴에 담아두었다가 혼자만의 시간에 그렸다고 한다. 그렇게 수십 년을 그리다 보니 자신도 모르는 사이에 여류화가라는 호칭을 얻게 되었다며 웃던 모습이 당당하고 행복해 보였다.

어리석은 노인이 산을 옮기듯 자신의 꿈을 이룬 이들을 만날 때면, 가지 못한 길에 대해 아쉬움과 부러움이 범벅이 되면서 스스로 돌아보게 된다. 이제 와서 이 무슨 쓸데없는 생각인가 하면서도 지레 겁을 먹고 꿈의 언저리에서 맴돌기만 했던 나를 말이다.

들판을 가득 물들이는 해바라기 숲에서 나도 그들처럼 해를 바라보고 서 있다. 서산으로 이울어가는 햇빛에 그들도 눈치챈 듯 고개를 숙이려 하고 있다. 이제 붉은 저녁놀을 마주할 시간이 머지않았고. 나를 향해 서 있는 해바라기 곁으로 다가가 내 사념의 창을 열어 그를 안는다.

꿈과 현실의 그 넓은 간격을 지치듯 넘어온 이제, 나는 지금 어디로 가고 있는가. 방황과 주저와 좌절의 일상을 내 것으로 받아들여 온 소싯적 아픈 기억들이 해바라기 숲으로 스며들었다. 그러나 해바라기는 언제나 환하다.

꽃마리를 바라보며

 이 꽃을 보세요. 새의 눈동자처럼 작고 푸른 이 꽃을. 들판을 무심히 걷다가 하마터면 밟을 뻔했습니다. 들풀 속에 숨어 피어서 꽃인지도 몰랐던 푸른 꽃. 처음 그 꽃을 봤을 때, 햇살을 품은 이슬방울이 초록 잎사귀 위에서 반짝이는 것 같았습니다. 함께 걷던 친구가 "그만, 밟지 마라."고 멈춰 세우지 않았다면, 나는 그 빛나는 작은 얼굴을 망가뜨렸을지도 모릅니다.

 풀숲에 숨어 피어 있을 존재에까지 세심하지 못했던 나는 그 순간, 생생히 빛나는 노란 중심과 물기를 머금은 푸른 꽃잎을 보았습니다. 아기 손톱보다 작아 눈에 띄지도 않았던 이 작은 생명체가 봄을 온전히 품고 있었지요. 가까이 엎드려 봄의 문을 여는 섬세한 몸짓과 은은한 향기를 맡습니다. 차가운 바람에 움츠려 있던 땅 위로 조심스럽게 얼굴을 내민 이 작은 꽃 하나. 누군가에겐 아무것도 아닌 존재일 수 있겠지만, 봄의 얼굴을 알아보는 이에게는 시작의 의미로 다가올 것입니다.

들판에선 수많은 풀꽃이 우리를 맞이합니다. 그들 앞에 다소곳이 앉아, 빛나는 생명과 마주합니다. 식물 수업에서 배운 풀꽃들의 이름을 조용히 부릅니다. 점나도나물, 양장구체, 새끼구슬붕이, 선개불알풀, 애기똥풀…. 누가 지었는지 알 수 없지만, 어쩌면 그 이름들이 그들의 모습과 참 잘 어울리는 것 같습니다.

한동안 야생화를 찾아 돌아다니던 때에 읽었던 『식물의 정신세계』에서 전하고자 했던 의미들을 다시 돌이켜 봅니다. 저자는 우리 주변에서 흔히 볼 수 있는 식물들이 단순히 생명체로서 존재하는 것이 아니라, 그들 나름의 의식과 감정 세계를 가지고 있다고 말합니다. 식물들이 소리, 빛, 화학물질 등을 통해 서로 의사소통한다는 여러 가지 사례를 제시하지요. 어떤 식물은 맹독성 화학물질을 방출하여 근처의 식물들에 위험을 알리고, 특정한 주파수의 소리에 반응하여 생리적 변화를 일으킨다는 연구 결과를 통해 저자는 식물이 단순한 생명체가 아니라, 자신만의 방식으로 세상과 교감하는 존재임을 강조합니다.

또한, 식물은 자극에 반응하여 성장 방향을 바꾸거나, 스트

레스를 받을 때 특정 화학물질을 방출하는데, 이는 식물이 단순히 환경에 적응하는 것 이상으로, 그들이 느끼는 '감정'의 표현으로 해석될 수 있다는 것이지요. 우리는 식물들이 사람처럼 고통이나 기쁨을 느낀다고 믿지 않지만, 이러한 개념에 대한 의문을 품고 애정의 눈으로 다가가 보았습니다. 결국, 그들의 생명은 인간과 다르지 않으며, 인간처럼 생각하고 느끼며 기뻐하고 슬퍼한다는 그것을 미미하게나마 느끼게 되었지요. 정원의 식물이나 집 안에서 키우는 화초도 주인의 발소리와 정성 어린 손길로 자란다는 건 다시 들추지 않아도 다 아는 사실입니다. 저자가 말했듯 예쁘다고 칭찬을 받으면 난초는 더욱 아름다워지고, 볼품없다는 말을 들으면 장미는 자학에 빠져 시들어버리는 현상은 화초를 키워본 이들이라면 공감할 것입니다. 모든 생명체는 관심과 사랑으로 살아간다고.

 이 작은 풀꽃 앞에 엎드리며, 작고 미미한 존재가 발하는 빛을 봅니다. 들판의 거친 바람 속에서 고요히 피어나는 그 순간을 상상하면, 마음은 저절로 설렙니다. 크고 화려한 꽃들처럼 주목받지 못하더라도, 자연의 이치에 따라 피어나는 그 꽃의 모습이 나의 입가에 미소를 띠게 만듭니다. 흔들리면서도 꿋꿋이 살아가는 이웃들과 내 어머니의 모습과 저 깊숙이 숨어 있는 나라는 존재가 떠오릅니다.

 "나는 나를 얼마나 사랑하고, 나 자신에게 얼마나 솔직하고 진실할까?"

작은 들꽃 한 송이가 우리가 자주 잊고 사는 소중한 것들을 되새기게 합니다. 남들과의 경쟁에 치여 내 안의 진정한 감정을 놓치고 살 때가 많지만, 그 꽃은 자신의 방식대로 세상과 조용히 어울리며 피어납니다. 주변이 떠들썩하고 세상이 분주하게 돌아가도, 들꽃은 그 속에서 자신만의 자리를 고수하며 세상에 존재감을 드러냅니다.

봄날의 들꽃 꽃마리를 보며, 나는 멀리 있는 거창한 꿈보다는 내 곁에서 나를 기다리고 있을 따뜻한 순간들과, 가족이나 친구를 떠올립니다. 그들을 마음으로 읽는 게 사랑이라면, 이 작은 꽃 앞에 구부려 앉아 세심하게 들여다보는 관심도 사랑이라 말하고 싶습니다.

소쇄원에서

　　　　　　　　　　5월 마지막 날, '소쇄원'에 들었다. 푸른 댓잎에 서걱이는 바람 소리가 여행객을 맞는다. 유려한 대나무 사이로 떨어지는 햇살이 새소리와 더불어 흥을 돋운다. 주위가 맑아서인가. 대숲에서 발길에서 삼삼오오 나누는 대화에서 번지는 소리마저 씻은 듯 이리 청아하다.

　오솔길로 접어들자, 초가지붕을 인 작은 정자가 쉬어 가라 청한다. 소쇄원 48영 중 제1영으로 일컫는 소쇄정이다. 이름 모를 나무 한 그루가 반갑게 맞이한다. '소쇄정'이라는 이름은 없고 정자 안쪽에 '대봉대(待鳳臺)'란 현판이 걸려 있다. 봉황을 기다린다는 뜻인가. 궁금하여 검색하여 보니 "대봉대는 좋은 소식을 전해준다는 '봉황 새를 기다리는 동대(桐臺)'라는 뜻이 함축되어 있다. 그래서 그 곁에는 봉황새가 둥지를 틀고 산다는 벽오동나무와 열매를 먹이로 한다는 대나무를 심었다."라고 설명한다. 그 이름 모를 나무가 벽오동이었다. 뜻을 알고 보면 풍경에 사유를 더하여 이야기가 깊어진다.

소쇄원을 지은 사람은 조선 중기 때 홍문관 대사헌을 지낸 소쇄공 양산보(1503~1557)이다. 그는 15세 때 부모님의 손에 이끌려 정암 조광조 선생의 문하로 들어가 학문을 깨쳤다. 스승인 조광조가 기묘사화로 유배된 뒤 사약을 받고 세상을 떠나자, 그 충격으로 청운의 꿈을 접고 담양으로 내려왔다. 그는 물이 흐르는 계곡을 사이에 두고 제월당(霽月堂), 광풍각(光風閣), 고암정사(鼓巖精舍) 등 10동의 소쇄원을 지어 자연의 삶을 살았다.

우리 일행은 신발을 벗고 정자 마루에 올라앉았다. 사방을 빙 둘러 불어오는 바람결이 초여름 한낮에 흐른 땀을 씻어준다. 눈앞에 펼쳐진 초록 풍성한 숲은 우거진 듯하나 듬성듬성 틈이 보여 한층 편안하게 다가온다.

다리 뻗고 앉아 누구랄 것 없이 내지르는 감탄사에 휴식의 기쁨이 들어 있다. 모이면 침묵보다 대화가 오고 가야 제맛이기라도 하듯이 바쁜 일상을 사는 중년들은 사는 이야기가 끊임없이 이어진다. 그 나이를 건너온 나에게 그네들의 이야기는 나의 옛날이야기를 듣는 듯 안쓰러우나 그게 사는 맛이 아니냐고 토닥거린다. 이왕에 '소쇄원'에 들었으니 복잡한 일상에서 쌓인 먼지나 툭툭 털어버리고 가벼이 돌아가자며.

심산유곡에서 보는 듯 담장 아래를 유유히 흐르는 물이 암반을 휘돌아 간다. 시공간을 뛰어넘어 흐르는 물소리 들으며 시를 짓고 읊던 옛 선비들의 단아한 모습이 풍경 속에 깃들어 있다. 이 속에 들었으니 스스로 보고 느끼라고 슬쩍 마음을 건드린다. 문득 어떤 시(詩)의 행간에 서 있는 듯 아름다움에 젖어 들고 있었다.

사랑하는 당신에게 Last Dance

잠이 오지 않는 밤을 위한 최선으로 택한 영화는 '사랑하는 당신에게 Last Dance'.

사랑하는 아내의 갑작스러운 죽음을 맞은 한 노인에 관한 이야기를 코믹하게 엮었지만, 애도의 의미에 대해 생각하게 한다. 연초부터 무슨 죽음에 관한 이야기냐고 할지 모르지만, 영화를 보고 나서 가슴으로부터 차오르는 잔잔한 감동을 나누고 싶었다면 그에 대한 변이 될지 모르겠다.

아내를 떠나보낸 후에 홀로 남은 남편 제르맹은 아내와의 약속을 기억해 낸다. 부부의 약속이란 먼저 떠난 사람이 하고 싶어 한 일을 남은 사람이 마무리하기로 한 거였다. 부부가 사랑하며 오붓하게 살던 날들은 홀로 남은 남편에겐 감당하기 어려운 현실로 남았지만, 그에게는 지켜야 할 약속이 있기에 마냥 주저앉아 슬퍼할 수만은 없었다. 고심하던 남편은 아내가 공연 준비를 하던 극장을 찾아간다.

아내의 역할을 대신하는 어설픈 몸짓은 뜻밖에도 무용단을 이끄는 세계적인 무용가의 관심을 끌게 되고, 급기야 그를 주역으로 한 새로운 안무가 만들어진다. 공연을 무사히 마치고 난 그는 아내에게 편지를 쓴다.

"무대에 선 내 모습이 어색하기만 한데, 세계적인 무용가가 나를 주인공으로 지목했어. 이게 무슨 일일까? 무사히 공연을 마치고 나면 비로소 당신과 작별할 수 있을까? 보고 싶어. 영원히 사랑해."

아내와의 아름다운 작별을 위하여, 아내 대신 춤을 추면서 그는 이 무대에서 춤을 추던 아내를 만난다. 지그시 눈 감고 온몸으로 아내의 숨결을 체취를 느끼며 대화를 나누고, 자신의 슬픔을 아름다움으로 승화시켜 나갔다. 몸은 늙었지만, 아내에게 바치는 사랑으로 가득 찬 영혼의 춤이었다. 다가갈 수 없는 것에, 지나가 버린 것에, 돌이킬 수 없는 것에 보내는 몸으로 쓴 편지였다.

사람은 두 번 죽는다고 한다. 지상에 죽은 자를 기억하는 이가 하나도 남아 있지 않을 때 비로소 영원히 사라지는 것이라고. 지상에서 만날 수 없어도 그리움으로 다시 태어난다는 건 내가 그를 혹은 그가 나를 기억하는 까닭이어라.

태양은 가득히

　　　　　　　　　　나의 이십 대를 설레게 했던 남자. 세기의 미남이라 불린 그 남자 '알랭 들롱'이 세상을 떠났다. 그 여름, 욕망으로 출렁이던 바다, 정오의 태양은 푸른 바다 위로 사정없이 쏟아지고. "리플리 씨! 전화 받으세요."라는 소리에 야릇하고도 환한 미소를 띠고 걸어가던 영화의 마지막 장면이 선명하게 떠오른다. 영화를 본 지도 사십여 년이 흘렀지만, 그때 강하게 박힌 여운이 되살아난다.

　'태양은 가득히'(1960)는 르네 클레망 감독의 작품으로, '알랭 들롱'이 주연을 맡아 그의 매력을 한껏 발산한 영화다. '패트리샤 하이스미스'의 소설『재능있는 리플리 씨』를 원작으로 하고 있으며, 탐욕과 정체성, 그리고 인간의 어두운 면을 탐구하며 조명한 작품이다.

'톰 리플리'(알랭 들롱)는 가진 게 없는 남자다. 톰은 필립을 데려오면 5,000달러를 주겠다는 그의 아버지 제안을 받고 미국에서 이탈리아까지 먼 길을 날아왔다. 고교 동창 필립은 톰과 달리 모든 걸 다 가진 남자다. 5년 만에 먼 나라에서 재회한 필립 앞에 선 톰은 자신의 초라한 신세를 되새김질한다. 아버지의 감시에서 벗어나 방탕한 생활을 즐기며 돌아갈 생각이 없는 필립. 그는 톰을 친구라고 생각하지도 않는다. 톰의 내면에는 점차 열등감과 모멸감이 쌓여가고. 그래도 돈을 손에 넣을 때까지는 참아야 한다고 이를 악물며 생각한다.

'태양은 가득히'는 욕망과 탐욕의 결말은 파멸이라는 경고를 보내는 작품이다. '톰 리플리'는 필립의 삶을 동경하며 그의 신분을 빼앗으려 하지만, 결국 그의 욕망은 그를 파멸로 이끈다. 영화의 제목은 태양은 닿을 수 없는 욕망의 대상임을 은유한다. 톰은 그 욕망에 너무 가까이 다가가다 결국 추락하고 만다.

단순한 범죄 영화가 아니라, 인간의 욕망과 탐욕, 그리고 정체성에 대한 깊은 고찰을 담고 있다. 톰 리플리의 복잡한 심리와 그의 행동을 통해, 인간 본성의 어두운 면을 마주하게 된다. '알랭 들롱'의 매력적인 외모와 뛰어난 연기는 이 영화의 큰 매력 포인트 중 하나. 특히, 그의 차가운 눈빛과 고독한 분위기는 '톰 리플리'라는 캐릭터를 완벽하게 표현했다.

영화가 시작되었을 때, 스크린에 나타난 '알랭 들롱'의 매혹적인 얼굴이 주는 아찔함은 나만의 느낌은 아닐 터였으리라. 이탈리아의 아름다운 해변과 도시를 배경으로 푸른 바다와 하늘, 그리고 강렬한 햇빛. '알랭 들롱'의 파란 눈과 햇빛에 반사되는 물결. 그것들이 어우러져 클래식한 매력을 발산하는 장면들은 그냥 슬펐다고 해야 할까.

'니노 로타'가 작곡한 영화 주제곡이 흘러나오는 마지막 장면에서 나는 전율했다. 요트에서 살인하고 바다에 버린 '필립'의 시체가 요트에 걸려 나오면서 '톰 리플리'의 모든 범죄는 드러난다. 그 장면에서 제발 잡히지 말기를 바라며 가슴 졸였지만, 세상의 이치는 바르게 흘러가는 법이 아니던가. 그런 사실도 모른 채, 더없이 행복한 얼굴로 바다로 향하는 톰. 순간 장면은 정지되고 푸른 바다 위로 슬프고도 아름다운 음악이 흐른다.

폭염이 계속되는 여름. 갑자기 들려온 '알랭 들롱'의 부음에 소녀 적 '은빛 갑옷을 입고 나타난 기사'와의 만남을 꿈꿨던 그 아릿한 추억에 빠져들며 애잔했던 영화의 멜로디에 젖어 든다…

그녀의 지휘봉은 이카로스의 날개였을까

포스터를 대각선으로 가로지르며 푸른 옷을 입은 여인이 두 팔을 새의 날개처럼 한껏 펼치고 지휘봉을 들었다. 머리는 뒤로 젖혀 있어서 표정은 볼 수가 없고 각진 턱선만이 먹이를 노리는 새의 부리처럼 팽팽하게 긴장되어 있다. 영화 '타르 TAR'의 포스터. 대체 저 강렬한 이미지에서 음악은 무슨 이야기를 들려줄 것인가.

음반은 가지고 있어도 층간소음 때문에 주저주저하며 들었던 말러의 교향곡 5번을 영상과 함께 감상할 수 있다는 기대감이 컸다. 베를린 필하모닉 최초의 여성 수석 지휘자 '리디아 타르'의 인터뷰 장면으로 영화는 시작한다. 말러 교향곡 5번 실황 녹음을 준비하는, 베를린 필하모닉 최초의 여성 지휘자 '리디아 타르'. 가상 인물인 그녀는 지휘자로서 정점에 오른 인물이다.

    그러나, 타르가 자신의 목표로 정한 그 정점에 다다른 순간부터 시작해서 무대와 일상의 아슬아슬한 줄타기는 시작된다. 바벨탑을 쌓던 인간들처럼 끝도 없는 욕망의 굴레에서 차츰 그 위태로운 균형은 결국 무너지고 만다.

    '말러 교향곡 5번'을 일종의 표제처럼 제시하는 영화인데도, 한 악장도 온전히 연주되는 장면은 없었다. 그럼에도 불구하고 영화의 처음부터 끝까지 열정적이고 비극적이고 거칠고 엄숙하며 고통스러운 인간의 감정을 파헤친다.

    말러 교향곡 5번 4악장 '아다지에토'는 당대 최고의 예술가들과 교류하던 뮤즈 '알마 쉰들러'에게 말러가 바치는 연애편지다. 19살 연하인 '알마'에게 첫눈에 반한 말러가 열렬한 구애 과정에서 이 악장의 악보를 편지로 보냈고, 이에 감동했다는 일화는 너무도 유명하다. 현악기와 하프로 연주되는 4악장은 우아하고 아름다운 동시에 고독하다. 영화를 보는 내내 그 고요한 겉모습 뒤에 숨겨진 폭풍 속으로 휘감겨 들었다.

    '타르'에게서 느껴지는 고요하고 암울한 욕망은 자신을 둘러싼 모든 것들이 무너져 내린 순간에도 냉철함으로 무장한다. 지휘자의 자리에서 내려온 후 옛집으로 돌아온 그녀는 오래된 비디오테이프를 꺼내 누군가의 오케스트라 연주를 지켜본다. 아마도 그녀가 지휘자를 꿈꾸면서 봤을 그 영상에서 "어떤 감정들은 너무 특별하고 깊어서 말로는 표현이 안 될 정도죠. 그래서 음악이 위대한 거죠. 음악은 그 감정들을 말이 아닌 음으로 설명하니까요."라는 어느 지휘자의 말을 듣는다.

다시 지휘대에 서는 '타르'. 베를린 필하모닉 수석 지휘자라는 과거를 생각하면 비교할 수 없이 초라한 무대다. '이상한' 게임 배경음악을 연주하는 오케스트라 지휘가 용납이 안 될 것 같지만 그녀를 위로하고 움직이는 건 결국 음악이었다.

욕망을 향해 끝없이 날아오르던 '이카로스'는 태양열에 날개가 녹아 추락함으로써 그의 욕망은 헛된 꿈에 지나지 않았다. 그러나 '타르'의 욕망은 날개를 단 채로 추락하였다가 다시 음악으로 파닥인다. 나의 경험에 비추어 봐도 자신을 온통 바쳐서 해 온 일은 그 자체로 다시 일으켜 세우지 않았던가. 베를린 필하모닉 수석 지휘자의 자리와는 비교도 되지 않을 아주 초라한 자리지만 그녀의 지휘봉은 다시 날아오른다. "승리를 느끼시나요? 이제 우리는 음악의 진정한 의미가 무엇인지 알 수 있습니다."라고 한 '레너드 번스타인'의 말처럼.

설 연휴에 혼자라는 느낌이 유독 짙어진 시간에 '타르'를 보다가 촉촉해지는 여정 속으로 빨려 들어갔다. '타르'는 자신이 추구해 온 이상을 나침반으로 이 끝없는 욕망의 삶을 살고 있다. 우리도 아마 그러하지 않겠는가. 고통스러운 사유의 한 가닥이 이 영화를 붙들었다.

나로 늙어간다는 것의 풍경

엘케 하이덴라이히의 『나로 늙어간다는 것』을 읽는 내내, 나는 마치 오래된 편지를 받는 기분이었다. 팔순을 넘긴 작가. 나보다 조금 앞서 인생의 막바지 고개를 넘고 있는 이가 조근조근 짚어내는 진심 어린 고백. 그녀의 문장은 나 자신을 향한 고백같이 삶을 돌아보게 하는 성찰로 스며들었다.

'늙음'을 필연으로 받아들여 왔던 내 사색의 창을 비집고 들어온 질문은 '나로 늙어간다는 것은 과연 어떻게 늙어가는 것일까?'였다. 늙음을 피할 수 있는 인간은 존재하지 않고, 넘치는 건강 비법과 의학이 발달한다 해도 신이 마련해 둔 생명의 유한성을 극복할 수는 없다. 화장술이나 의술의 힘을 빌려 표면적으로 젊음을 찾은 듯이 만들어 낼 수는 있어도 그게 얼마나 갈까, 하는 것은 늘 의문으로 남는다.

거울을 본다. 화장을 지운 얼굴이 우중충하다. 느슨해진 턱선, 주름진 눈가, 하얀 머리카락. 나이를 고스란히 담았다. 슬픔이 스쳐 지나지만 그렇다고 연민으로 감싸안지도 않는다. 그 안에는 내가 걸어온 세월이 켜켜이 쌓여 있으므로. 얼굴은 곧 그 사람이라고 하잖는가.

엘케가 거들었다. 늙음을 '자기 자신과의 화해'라고. 그 말을 곱씹어 본다. 무대의 중심 같았던 젊은 날의 삶도 지나고 나니, 무덤덤하게 바라볼 수 있게 되었다. 자정이 넘은 시각에 와인 한 잔을 들고 기억 속 문을 열어본다. 사랑하고 미워했던 감정의 조그만 풀숲을 헤쳐 지나가면, 일하고, 아이를 낳고 키우던 그 지독한 날들이 선명하게 저만치 서 있다. 누군가의 시선을 의식할 수밖에 없었던 시절이었다. 나보다 잘 살고 있는 누군가와 비교 당하지 않으려는 안쓰러운 자아는 때때로 현실 불만족에 사로잡혔다. 이제, 조명이 서서히 희미해져 가는 이 삶의 초라한 무대에서 나는 비로소 나 자신을 바라본다. 젊음을 향한 그리움 대신, 존재의 여유와 감사로. 이제는 더 이상 무엇을 증명할 필요 없이, 지금이 가장 편안하고 충만하다고 말해야 하듯이.

혼자서 누구에게도 짐이 되지 않게 살다가 조용히 떠날 수 있다면…. 이 생각이 언제부터 내 일상 속 조용하고도 깊은 사유로 자리 잡았다. 사실, 산다는 것은 결국 죽음을 향하여 간다는 것이 아닌가. 투석을 받으며 버티던 그가 떠난 그날, 가장 긴 밤을 건넜다. 한밤중 대화를 나누다 눈 한번 깜박이는 사이에 그는 이승의 연(緣)을 놓아버렸다. 장례를 치르고 어느 정도 시간이 지난 후에 나는 어렴풋이 깨달았다. 산다는 것은 결국 순간순간의 이어짐이라는 것을. 그리고 다짐했다. 남아 있는 나의 삶에 대해서는 계획을 세우지 말자고.

라틴어 경구 '메멘토 모리' 죽음을 기억하라. 죽음을 생각하는 사람은 지금 이 순간을 처음 맞는 날처럼 살아간다고 했다. 다시 오지 않을 지금이다. 읽고 쓰고, 보고 싶은 것, 듣고 싶은 것, 먹고 마시고 즐기고 싶은 것, 그리고 사랑. 사랑은 하고 싶다고 이루어지는 것은 아닐지언정 마음만은 사랑이라는 감정을 간직하고 살기를 간절히 원한다.

삶의 무게를 온전히 견디고, 그것을 받아들일 수 있는 태도는 세월이 선물한 힘이다. 자기 연민에 빠지지 않고, 늙음을 고통으로 여기지 않는 용기. 엘케는 팔순의 문장으로, 때로는 행간의 침묵으로, '늙어가는 방식'을 전해준다. 그 진심에 나는 깊이 고개를 끄덕인다.

이제는 더 이상 젊음을 흉내 내지 않아도 된다는 편안함, 더 이상 누군가의 기대에 나를 맞추지 않아도 된다는 자유로움은 엘케가 이야기해 주는 것처럼 '나로, 나답게' 늙어가고 싶은 것이다. 분명 그것은 고독하지만, 동시에 자유롭고 아름답다. 봄의 찬란함도, 여름의 열정도 아닌, 가을의 깊은 향기를 간직한. 붉은 옹기에 담긴 숙성된 장처럼 시간이 빚어낸 깊은 맛을 지닌다. 그게 지금의 나이기를. 나는 나로 살다가 가기를 소망한다.

엘케는 당당하게 말했다.

"나는 누구에게도 폐가 되지 않는 나긋나긋한 할머니가 될 필요가 없다. 나는 내가 평생 그러했듯이 냉소적이고 고집스럽고 투쟁적인 할머니로 지낼 것이다. 내가 그럴 의지와 힘이 있는 한 말이다."

그 문장을 덮으며, 입가에 웃음이 흘렀다. 그래, 나도 그러고 싶다. 누군가의 기준이 아니라, 나의 방식으로, 나답게 늙어가고 싶다. 삶의 황혼은 더 이상 사라져가는 빛이 아니라, 하루를 다 살아낸 빛의 완성이라는 것을, 이제는 안다.

정영자

2012년 《수필과 비평》 신인상을 통해 작품 활동을 시작했다.
수필집으로는 『안단테 칸타빌레』, 『풍경을 짓다』 등이 있다.
제주헤럴드 〈정영자의 느낌 그리고 쉼표〉 연재, 서귀포신문 〈문필봉〉,
제주일보 〈금요에세이〉에 수필을 쓰고 있다.
서귀포문학상을 수상했다.

정영자 에세이

틈새에서 문득

- 일흔에 만나는 52개의 창

2025년 9월 30일 초판 1쇄 발행

지은이 정영자 **펴낸이** 김영훈 **편집장** 김지희 **디자인** 김영훈 **편집부** 이은아, 부건영
펴낸곳 한그루 **출판등록** 제651-2008-000003호 **주소** 제주특별자치도 제주시 복지로1길 21
전화 064-723-7580 **전송** 064-753-7580 **전자우편** onetreebook@daum.net
누리방 onetreebook.com

ISBN 979-11-6867-240-6 (03810)

저작권법에 따라 보호를 받는 저작물입니다.
어떤 형태로든 저자 허락과 출판사 동의 없이 무단 전재와 복제를 금합니다.
잘못된 책은 구입하신 곳에서 교환해 드립니다.
이 책은 친환경용지를 사용해 만들었습니다.

값 14,000원